子どもを虐待から守る

科学

The Science of
Protecting Children from
Child Abuse

アセスメントとケアのエビデンス

編＝原田隆之

Editor : HARADA Takayuki

著＝堀口康太＋田附あえか＋原田隆之

Author : HORIGUCHI Kouta, TATSUKI Aeka, HARADA Takayuki

金剛出版

はじめに───『子どもを虐待から守る科学』刊行にあたって

　児童虐待のニュースが後を絶たない。統計を見ると，わが国において，悲惨な虐待事件は，ここ何十年もの間，増加の一途をたどっている（厚生労働省，2019）。

　ニュースでも虐待によって亡くなった子どもの悲劇が報じられるたびに，世間は大きな悲しみと怒りに包まれる。

　たとえば，2018年3月には東京都目黒区の5歳児が，両親から度重なる虐待を受け，「もうおねがい　ゆるして」という悲痛な「反省文」を残して死亡した。

　さらに，翌2019年1月には，千葉県野田市の小学4年生の女の子が，両親からの虐待によって死亡した。この事件では，学校からのアンケートに対し，本人が「お父さんからぼうりょくをうけています。先生どうにかなりませんか」と必死の思いで虐待被害を訴えたが，秘密にしておくべきそのアンケートを，教育委員会が父親に見せたことが大きな批判を浴びた。

　また，児童相談所は，当初被害児童を家族から離して一時保護していたが，その後措置は解除され，いったんは親族のもとで暮らしていた。そして，その後児童相談所が実施した「リスクアセスメント」では，虐待のリスクが上昇していたにもかかわらず，父親からのたびたびの圧力に屈して，児相は父親の元に戻す判断をした。

　これらの問題は，国会でも取り上げられただけでなく，国連子どもの権利委員会からも児童虐待対策の強化が勧告されるまでの事態に至っている。

　世界の最貧国の中には，5歳まで育たない子どもが10人に1人もいる国もあるし，初等教育すら受けられず，苛酷な労働に従事させられて

いる子どももいる。それに比べると，わが国では，飢餓や戦乱などで命を落とす子どもは皆無に等しい。とはいえ，冒頭で述べたように，虐待を受けている子どもの数は増える一方である。社会が豊かになっていく一方で，人々の心は荒廃の一途をたどっているのだろうか。

もちろん，飢餓や戦乱，感染症などで子どもがバタバタ亡くなっていくような国では，虐待よりもこれらの差し迫った問題のほうが大きく，虐待があったしても社会問題にすらならないだろう。

社会が平和で安全だからこそ，虐待の問題に注目が集まり，かつてよりも認知されやすくなったため，統計上の数字が増えているということは事実である。したがって，直ちに日本人の心が荒廃している，子どもをめぐる環境が悪化しているなどと悲観するのは早計だと言える。とはいえ，虐待を受けたり，それによって心身に深刻な被害を受けたりする子どもを一人でも減らすことが，現代社会の大きな課題の一つであることは間違いない。

これらの悲しいニュースを受けて，親に対する非難が集中したのと同じく，児童相談所も批判の標的となった。なぜもっと適切に支援ができなかったのか，子どもの命を守れなかったのか，などと歯がゆく思った人は多い。

これは，直接的には児童相談所に対する批判であったが，同時に子どもを守る砦として，児相に対するわれわれの期待が大きいことの表れでもある。これらのケースでは，残念ながら最悪の結末を迎えてしまったが，児相によって守られ，助けられた子どもたちは数多くいるはずである。

そのことを念頭に置きつつ，児童相談所をはじめ，専門家や周囲の人々が，もっと効率的かつ効果的に子どもを守るために，どのような方法があり，どのような効果が期待できるのか，それを科学的エビデンスに基づいて書かれたのが本書である。

本書は，犯罪心理学，児童福祉，そして家族心理学の専門家による共著として書かれた。犯罪心理学の立場からは，虐待という卑劣な犯罪をうむリスクやそのアセスメントについての知識が提供できる。児童福祉

の立場からは，アセスメントや介入を現場の仕事にどのようにいかして
ゆけばよいかという実践的な知識が提供できる。そして，家族心理学の
立場からは，家族というシステムの中で，虐待が起こるメカニズムを解
明するとともに，それを予防し，対処する知識が提供できる。

　このように，本書は学際的な立場から，最新最善のエビデンスをもと
に書かれた「虐待と闘うための科学」の結集である。

　わが国の児童福祉法では，その第1条に以下のように規定されている。

　　すべて国民は，児童が心身ともに健やかに生まれ，且つ，育成され
　　るよう努めなければならない。すべて児童は，ひとしくその生活を
　　保障され，愛護されなければならない。

　つまり，すべての子どもは愛され，守られる権利がある。そして，す
べての大人は，子どもを愛し，育み，守っていく義務がある。

　子どもを虐待から守ることは，われわれすべての責任であることを忘
れてはならない。

文　献

厚生労働省(2019)平成30年度児童虐待対応件数(速報値)(2020年8月21日アクセス)
　https://www.mhlw.go.jp/content/11901000/000533886.pdf

085 | ## 第3章 児童虐待への介入

虐待の通告を受け，児童相談所は何を判断しどう動くのか。なぜ再発防止が重要なのか。一時保護を解除して子どもを家庭に戻すために有効な介入とは————

堀口康太

111 | ## 第4章 児童養護施設における虐待への対応とケア

子どもが保護される児童養護施設はどのような場か。子どもたちの生活はどのようなものだろうか。児童虐待は子どもの育ちにどんな影響を与えるのか。子どもと家族の回復のためのケアとは————

田附 あえか

子どもを虐待から守る科学

アセスメントとケアの
エビデンス

第1章 | 児童虐待の現状と対応の枠組み

児童虐待とはどのような行為か。児童虐待に対応する機関にはどんな役割があり，どのように連携しているか。増加する児童虐待に法制度は追いついているか―――

堀口康太

　第1章では，わが国の児童虐待の現状を整理したうえで，そもそも児童虐待とは何か，児童虐待に対してわが国ではどのような法的および制度的枠組みを活用して対応を行っているのかといった基本知識を整理したい。

児童虐待の現状と虐待の定義

　平成30年度の福祉行政報告例（厚生労働省，2020a）によると，平成30（2018）年度中に全国の児童相談所が対応した児童虐待の件数は159,838件であった。平成29（2017）年度の対応件数（133,778件）と比較すると19.5％増加しており，平成26（2014）年度以降一貫して増加傾向にある（図1-1）。

　児童虐待への対応については，児童相談所の役割が注目されがちであるが，児童相談所以外にも，市区町村にも児童虐待を担当する部署がある。平成30（2018）年度に市区町村の児童虐待担当部署が対応した件数は126,246件であった（厚生労働省，2020b）。

　児童相談所と市区町村の児童虐待担当部署が連携して同じ子どもに対応する場合があるので，対応件数は重複している場合もあるが，わが国においては，全国で年間30万件に迫るほどの虐待件数があり，児童相談所や市区町村の職員が対応に奔走していることになる。

図 1-1 児童相談所における児童虐待対応件数の年次推移
（厚生労働省，2020 をもとに作成）

◉ わが国における児童虐待の定義

わが国においては，児童虐待は「児童虐待の防止等に関する法律（平成 12 年法律第 82 号）」（以下，**児童虐待防止法**と言う）の第 2 条によって，「保護者」がその「監護する児童」に対して行う行為のことだと定義されている（表 1-1）。

この法律では，保護者を「親権を行う者，未成年後見人その他の者で，児童を現に監護するもの」と規定している。それゆえ，実父母以外にも，子どもの養育を担っているものであれば保護者にあたる。保護者から行われる虐待は，**身体的虐待，性的虐待，ネグレクト，心理的虐待**の四つに分類される。各虐待種別の具体的内容は，表 1-2 の通りである（厚生労働省，2014）。

なお，平成 30（2018）年度の福祉行政報告例における虐待種別の内訳は，児童相談所が対応した 159,898 件のうち，身体的虐待が 25.2 ％（40,238 件），性的虐待が 1.1 ％（1,730 件），ネグレクトが 18.4 ％（29,479 件），心理的虐待が 55.3 ％（88,391 件）であった（図 1-2）。また，主

表 1-1　児童虐待防止法第 2 条

第二条　この法律において，「児童虐待」とは，保護者（親権を行う者，未成年後見人その他の者で，児童を現に監護するものをいう。以下同じ。）がその監護する児童（十八歳に満たない者をいう。以下同じ。）について行う次に掲げる行為をいう。
一　児童の身体に外傷が生じ，又は生じるおそれのある暴行を加えること。
二　児童にわいせつな行為をすること又は児童をしてわいせつな行為をさせること。
三　児童の心身の正常な発達を妨げるような著しい減食又は長時間の放置，保護者以外の同居人による前二号又は次号に掲げる行為と同様の行為の放置その他の保護者としての監護を著しく怠ること。
四　児童に対する著しい暴言又は著しく拒絶的な対応，児童が同居する家庭における配偶者に対する暴力（配偶者（婚姻の届出をしていないが，事実上婚姻関係と同様の事情にある者を含む。）の身体に対する不法な攻撃であって生命又は身体に危害を及ぼすもの及びこれに準ずる心身に有害な影響を及ぼす言動をいう。）その他の児童に著しい心理的外傷を与える言動を行うこと。

な虐待者とその割合は，実父 41.0％，実母 47.0％，実父以外の父 5.5％，実母以外の母 0.5％，その他 5.7％となっている（図 1-3）。これを見ると，わが国の虐待は，種別としては心理的虐待が多く，虐待者の 9 割弱は実父母であるという特徴がある。

◉海外における児童虐待の定義

　諸外国とわが国における虐待種別の分類は多少異なっている部分もあるが（加藤，2001），身体的虐待，性的虐待，心理的虐待，ネグレクトという四つの種別とその具体的内容に大きな相違はなく，児童虐待という行為の定義は国際的に共通している。このことから，児童虐待は国を問わず共通する社会問題であることがわかる。

　Righthand ら（2003）は，身体的虐待（physical abuse），性的虐待（sexual abuse），心理的虐待（psychological abuse/emotional abuse）に加えて，ネグ

表 1-2　虐待の種別と具体例（厚生労働省，2014 から抜粋）

虐待の種別	具体例
身体的虐待	保護者から打撲，傷，あざ（内出血）などの外傷を与えられる。首を絞める，殴る，蹴る，投げ落とす，激しく揺さぶる，熱湯をかけるなど生命に危険のある暴行を受ける。布団蒸しにする，溺れさせる，逆さ吊りにする，異物をのませる，食事を与えない，冬戸外にしめだす，縄などにより一室に拘束するなどの行為を受ける。
性的虐待	保護者が子どもへの性交，性器を触る又は触らせるなどの性的暴行，性的行為を強要したり教唆する，性器や性交を見せる，ポルノグラフィーの被写体などに子どもを強要する。
ネグレクト	保護者が子どもの健康・安全への配慮を怠っている（家に閉じ込める，子どもの意思に反して登校させない，重大な病気になっても病院に連れて行かない，乳幼児を家に残したまま度々外出する，乳幼児を車の中に放置する），子どもにとって必要な情緒的欲求に応えていない（愛情遮断など），食事，衣服，住居などが極端に不適切で，健康状態を損なうほどの無関心・怠慢である（適切な食事を与えない，下着など長期間ひどく不潔なままにする，極端に不潔な環境の中で生活をさせる），子どもを遺棄する，保護者以外（例：同居人）からの身体的，性的，心理的虐待を放置する。
心理的虐待	保護者が子どもに言葉による脅かし，脅迫，無視など，拒否的な態度を示す，子どもの心を傷つけることを繰り返し言う，子どもの自尊心を傷つけるような言動，他のきょうだいとは著しく差別的な扱いをする，子どもの面前で配偶者やその他の家族などに対し暴力をふるう（面前 DV）。 ※直接，子どもが DV の現場を見ていなくても，DV が行われている家庭環境にある場合も含む。

　レクト（neglect）を身体的ネグレクト（physical neglect），心理的ネグレクト（psychological neglect）に分け，五つに分類している。

　身体的虐待は，手や棒，紐などを使って叩く，殴る，ける，揺さぶる，投げるなどの行為がそれにあたり，傷痕の有無に関わらず，そうした行為は身体的虐待にあたるとしている。身体的虐待の重症度（level）は表1-3 の 5 段階に整理されている。

　性的虐待は，以下の三つに分類されている。第一は，性器や口腔な

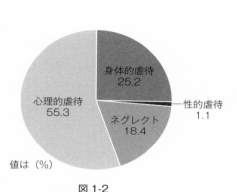

図 1-2
児童虐待対応件数における
虐待種別の内訳
（厚生労働省，2020 をもとに作成）

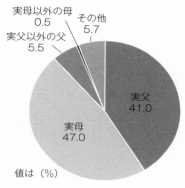

図 1-3
児童虐待対応件数における
主な虐待者の内訳
（厚生労働省，2020 をもとに作成）

表 1-3　身体的虐待の重症度（Righthand et al., 2003 をもとに作成）

重症度 1（レベル 1）：身体に軽い傷がつく行為や傷の有無に関わらず手や物で殴る行為。

重症度 2（レベル 2）：複数でかつ軽傷ではない傷痕が身体にある。

重症度 3（レベル 3）：頭や顔，首に傷痕や火傷や裂傷，保護者が強くつかんだことによって手の跡が残っている。

重症度 4（レベル 4）：物によって叩かれたことで重傷を負っている，裂傷，骨折，脳震盪，中程度の火傷など。

重症度 5（レベル 5）：身体へのダメージが残り，医療機関の受診が必要な受傷。

どへの男性器などの挿入を伴う「性行為」，第二は，挿入などを含まない性器などへの「性的ないたずら」，第三は，性器を見せたり，胸に触る行為などを含む「その他の性的虐待」である。子どもの性行動に関する不十分で不適切な監護についても，性的虐待に含む場合もあるが，これについてはネグレクトととらえるほうが適切であると考えられる（Righthand et al., 2003）。

　心理的虐待は，拒絶する（例：けなす），怖がらせる（例：暴力を振るうと脅す），悪いことや不道徳な行為をさせる，情緒的な関わりをしない（例：子どもが関わりたいと思う欲求を無視する），孤立させる（例：他の子どもや大人との交流をさせない）といったことが挙げられる。Righthand ら（2003）は，子どもに医療や教育を受けさせないことが心理的虐待にあたるとされる場合もあると紹介している。しかし，たとえば，子どもの意思に反して学校に登校させないという行為は，保護者が子どもに教育を受けさせる義務を果たしておらず，子どもの教育を受ける権利を奪っている行為であると言える。つまり，医療や教育を受けさせないといった行為は，子どもが本来持つ権利を保護者が奪う行為であり，それゆえネグレクトとして扱うのが妥当であるとの考え方が主流である。

　ネグレクトのうち，身体的ネグレクトは，必要な医療的ケアを与えないといったように，栄養や健康など，身体的な成長発達や安全にとって必要なことを提供しないこととされている。一方，心理的ネグレクトは，不十分な養育や愛情しか与えないといったように，保護者が提供すべき子どもの心理的な成長発達にとって必要なものを提供しないこととされている（Righthand et al., 2003）。

児童虐待を判断する視点

　児童虐待に対応する際には，「その行為がなぜ児童虐待と言えるのか」を保護者などに説明できる必要がある。なぜなら，「食事を抜いて十分な栄養が取れない状態にする」とか「身体に傷がつくほど叩く」といった行為をしたとしても，しつけのつもりだったと主張する保護者がいるからである。

　児童虐待防止法では，第1条で「児童虐待が児童の人権を著しく侵害し，その心身の成長及び人格の形成に重大な影響を与えるとともに，わが国における将来の世代の育成にも懸念を及ぼす（以下省略）」と述べ

られている。児童虐待を判断する際の視点は，「**人権侵害**」と「**有害性**」の二つに集約される。

◉ 子どもの権利の侵害

　児童虐待は，子どもの人権を侵害する行為である。「**児童の権利に関する条約**」の第 19 条では，児童虐待など，保護者からのあらゆる暴力から子どもを守るための措置を各国政府が取ることが明記されており，虐待の被害に遭わずに生活できることは子どもの権利である。

　加えて，わが国の民法第 820 条においても，「親権者は子の利益のために監護・教育する権利を有し，義務を負う」と規定されており，民法上も子どもの人権を侵害するような監護・教育はできない。2020 年 4 月 1 日に施行された改正児童虐待防止法（2019 年 6 月 26 日公布）では，この規定に基づき，必要な範囲を超える体罰を加えることが禁止された。

　児童虐待は，保護者が子どもの権利とは相反する本来的でない対応や不適切な扱い方をしていることである（奥山，2010；千賀，2014）。それゆえ，児童虐待は英語では「child abuse（濫用）」や「maltreatment（不適切な養育）」と表現されるのである。

◉ 子どもへの有害性

　児童虐待は，子どもに有害で悪い影響を与える行為でもある。たとえば，徳永（2007）は，「子どもの身体的な健康と安全が脅かされていないか」，「子どもに必要不可欠なものが与えられているかどうか」，「子どもが精神的に危機にさらされていないかどうか」，「保護者から安全感と安心感が奪われていないかどうか」という四つの有害性を紹介している。行為を行った保護者の意図にかかわらず，その行為が子どもにとって有害であり，悪影響を与えるものかどうかによって児童虐待を判断する必要がある（厚生労働省，2014）。

　児童虐待の被害を受けることは，長期的にも有害な結果を引き起こすことが示唆されている。たとえば，Norman ら（2012）は，2012 年 6 月

までに公刊された 124 の研究について，研究結果を統計的に統合する手法であるメタアナリシスを通して，身体的虐待，心理的虐待，ネグレクトの被害と心身の健康や生活スタイルとの関連を検討した。

その結果，虐待経験のない群と比較して，身体的虐待の経験がある群は，うつ病，不安障害，摂食障害，薬物使用，自殺企図，性感染症，危険な性行動が発生するリスクが有意に高く，糖尿病，肥満といった生活習慣病のリスクも高かった。同様に心理的虐待及びネグレクトにおいても，不安障害，摂食障害，薬物使用，自殺企図との関連が示されている。このメタアナリシスで見出された児童虐待が子どもの心身の健康に与える影響をまとめると表 1-4 のようになる。

加えて，性的虐待は，PTSD，うつ病，自殺のリスクを上昇させ，学業達成に弱い影響があることが報告されている（Paolucci et al., 2001）。さらに，さまざまな種別の虐待被害を重複して受けている場合には，単一の虐待被害の場合よりも，自分自身に対する肯定的な評価を示す自尊感情が低いこと，さらに抑うつと自殺企図のリスクが有意に高いことが報告されている（Arata et al., 2005）。

このような児童虐待の影響の少なくとも一部は，虐待による脳への影響から引き起こされていることが指摘されている（友田，2016）。たとえば，Tomoda ら（2009）は，18 歳から 25 歳までの 1,455 名を対象とした調査において，長期にわたり継続的で激しい身体的虐待を受けた者は，思考・感情のコントロールを司り，うつ病や素行障害に関係があると言われる右前頭前野内側部の体積が，19.1％小さかったことを報告している。

このように，児童虐待の被害は，短期的な影響にとどまらず，子どもの生涯にわたる心身の健康や生活習慣に深刻な関連があることがわかっている。そして，その悪影響は複合的な形で現れる。たとえば，精神障害の発症は，不登校や離職などさまざまな形で日常生活に悪影響を及ぼすことになる。このように児童虐待の被害によって生じた悪影響は，子どもの将来の生活における権利をも剥奪することになるのである。

表 1-4　児童虐待の被害と関連する健康状態・疾病など
（Norman et al., 2012 をもとに作成）

虐待種別	健康状態・疾病など
身体的虐待	うつ病 不安障害 摂食障害 素行障害 自殺企図 薬物使用 性感染症 危険な性行動
心理的虐待	うつ病 不安障害 自殺企図 薬物使用 性感染症 危険な性行動
ネグレクト	うつ病 不安障害 自殺企図 薬物使用 性感染症 危険な性行動

　ここでは便宜的に虐待の権利侵害的な側面と有害性の側面を分けて論じたが，本来はこの二側面は別々のものではなく，「権利侵害であるがゆえに有害で，その有害性がさらなる権利侵害につながる」と複合的に考える必要がある。

なぜ保護者は子どもを虐待してしまうのか
──統制的養育態度の視点から

　「人権侵害」と「有害性」から児童虐待を判断するとき，たとえ保護者にしつけの意図があっても，食事を抜いて，子どもの生命に危険が生

じるほど不十分な栄養しか与えない状態にしたり，あざができるほど叩いたりすることは「子どもの利益」につながっておらず，子どもへの本来的な対応ではない。しつけと児童虐待の異なる点の一つは，後者は保護者の過度なあるいは不当な要求に基づいて，子どもをコントロールしようとする行為であるという点である。

保護者が子どもをコントロールしようとする養育態度は，**統制的な養育態度**と呼ばれる（Joussemet et al., 2008）。統制的な養育態度とは，体罰などの懲戒を伴う養育や圧力をかけるなどの力の誇示によって，子どもを心理的にコントロールしようとする養育態度を指す。Stith ら（2009）は，1969 年から 2003 年までに公刊された 155 の研究から抽出した 39 の要因に関するメタアナリシスを通して，体罰を用いたり，非現実的な期待を持ったりするなどの保護者の養育態度は，身体的虐待のリスクファクターの一つになることを報告している。

こうした統制的な養育態度の背景の一つとして，過度な自我関与（ego involvement）が挙げられる。子育てにおける保護者の過度な自我関与とは，子どもの行為が保護者の自尊感情を左右するような状態として整理される（Grolnick & Apostoleris, 2002）。言いかえれば，「子どもが言うことをきかない」ことが保護者自身の評価に直結しているような状態である。たとえば，「子どもが言うことをきかない」ことを，保護者が「自分を否定された」と被害的に認知するといった状況であり，こうした被害的認知は子どもへの虐待的行為に関連していることが報告されている（中谷・中谷，2006）。

つまり過度な自我関与状態にある保護者は，意識しているか，無意識であるかは別として，「自分はダメな母親ではない」ことを証明し，自尊感情を維持するために，子どもに学習を過度に強要したり，叩いてでも言うことを聞かせたりするといったような虐待的な行為を行ってしまうことがある。

以上のように，児童虐待を保護者の心理面に焦点をあててとらえた場合，ただ「その行為は児童虐待にあたりますから，やめてください」と

保護者に伝えても，子どもへの虐待が止むとは考えにくい。したがって，虐待の発生や再発を予防するためには，保護者の心理的問題を対象にした治療的介入を行うことが有効となる（Solomon et al., 2016）。児童虐待への対応においては，保護者の虐待行為を制止するだけではなく，その心理面にも焦点をあてたカウンセリングや心理教育など，保護者の自尊感情をサポートする支援が必要である。

　このような心理学的対応によって，保護者が統制的な養育態度を振り返り，子どもの選択，子どもの立場や視点を尊重する養育方法である自律性支援的な養育態度（Grolnick & Apostoleris, 2002）を身につけることは，子どもの有能感の向上や学業達成など，子どもにとって利益となる結果につながると報告されている（Grolnick et al., 1991）。

　児童相談所などの専門機関においても，心理学的対応を含めた保護者支援をさらに充実させる必要がある。しかし急増する児童虐待通告によって，児童相談所はさながら虐待通告所の様相を呈している。1日に数件もの虐待調査をしなくてはならないこともあり，児童虐待に対応する職員の業務は多忙をきわめている。このような状況では，子どもの安全を守るために一時的に保護者と対立してしまうこともあり，保護者の支援が疎かになることがあるかもしれない。しかし，保護者を対象としたさまざまな支援を提供することが結果的に「子どもを守り，子どもの利益になること」であることも忘れずにいたい。

わが国における児童虐待への対応の枠組み

　これまでに整理してきたように，児童虐待は子どもに短期的のみならず長期的にも有害な影響を与える行為であり，子どもの人生全体を左右してしまいかねない重大な権利侵害である。それゆえ，児童虐待は国全体で対応を考えていく必要がある社会問題であると言える。本節では，現在，児童虐待に対して実際に対応している相談機関として，代表的な三つの機関を紹介し，それらの機関がどのような枠組みで児童虐待に対

応しているのか紹介する。

◉ 児童相談所

　児童相談所は，都道府県，政令指定都市，一部の特別区（東京 23 区）と一部の中核市に設置されている児童相談に関する専門機関である。その主な役割は，地域住民や学校などの関係機関からの虐待通告を受けて調査・対応を行うこと，家庭で生活することにリスクが伴う子どもを一時保護したり，施設入所させたりすることなどである。児童相談所運営指針には，児童相談所の四つの機能が示されている。

　第一は，**市区町村援助機能**である。これは，市区町村の児童虐待担当部署（後述）に児童虐待への対応に関する助言を行うこと，市区町村の児童虐待担当部署が受理した虐待通告への対応を一緒に協議することである。

　これは，2004 年の児童福祉法の改正を機に，児童相談所が市区町村の後方支援を行う役割を担うことになったことと関係している。2004 年の児童福祉法の改正以前には，児童虐待には児童相談所がほぼ一元的に対応してきた。しかし，児童相談所は基本的に都道府県に設置されているため，子どもや保護者が住む場所が遠方であるなど，適切な対応が難しい場合があった。そのため，子育て不安など児童虐待のリスクのある保護者に対して，児童相談所が十分に対応できない場合もあった。

　そうした背景から地域の住民にとって身近な市区町村の児童虐待担当部署が児童虐待への第一義的な対応を行うことが求められるようになり，児童相談所はそれまで行ってきた児童虐待への対応のノウハウを活かし，市区町村の児童虐待担当部署をバックアップする役割を担うことになった。

　第二は，**相談機能**である。これは，児童虐待など子どもや保護者に関する問題に対して，児童福祉司や児童心理司などの専門職が対応し，支援を行う機能である。児童相談所は，社会診断，心理診断，行動診断など専門的な視点から子どもや保護者の援助方針を定め，ときに緊急かつ

高度な専門的対応を行う（後述）。

第三は，**一時保護機能**である。多くの児童相談所は児童虐待の被害を受けた子どもの身の安全を確保するための一時保護所という子どものための一時的な生活施設を有している。児童虐待により一時的に子どもと保護者を分離する必要があると判断された場合は，児童相談所は一時保護を行うことができる（児童福祉法第33条）。

第四は，**措置機能**である。措置機能には，虐待の被害を受けて帰宅することが困難な子どもを施設入所としたり里親委託とするような，子どもを家庭から分離して支援する措置と，児童福祉司指導や児童家庭支援センター指導のように，家庭にいる子どもに対して相談面接や何らかのプログラムを行う措置がある。

子どもが入所する施設には，2歳未満の子どもが入所する乳児院，おおむね2歳から18歳の子どもが入所する児童養護施設がある。この他にも，発達障害などによって，学校や家庭での生活に困難が生じている子どもが短期的に入所する児童心理治療施設や，非行などの問題行動を行った子どもが入所する児童自立支援施設などがある。

また，里親は1～2名の子どもを自らの家庭で養育するのが基本であるが，里親として2年以上同時に2名以上の子どもの養育を経験するなど一定の条件を満たすと，ファミリーホームとして5～6名の子どもを自らの家庭で受け入れて，子ども同士の交流を活かしながら子どもの自立を促していくという養育の形をとることもできる。

以上紹介した四つの児童相談所の機能を担うのは，児童福祉司などの専門職である。以下では，児童相談所に配置されている主な専門職とその役割の概要を説明する（表1-5）。

児童福祉司

児童福祉司は，社会福祉の価値や倫理に基づいて子どもや保護者に対する支援を行うソーシャルワークの専門職である。具体的な業務として

表 1-5　児童相談所の主な職種とそのアセスメントの視点
(厚生労働省, 2014 をもとに作成)

職種	主な役割	アセスメントの視点
児童福祉司	虐待通告の調査, 家庭訪問や通所面接による支援, 学校などへの関係機関訪問や連携, 各種サービス (社会資源) の調整による支援。	**社会診断** システム論的な視点から虐待の内容, 重症度, 保護者や子どもの問題となる行動傾向やパーソナリティ特性, 家庭内のキーパーソン, その家族を取り巻く環境やサービス利用可能性などを包括的にアセスメントする。
児童心理司	心理検査・発達検査による知的発達や行動上の特徴のアセスメント, プレイセラピーなど心理学的介入による支援。	**心理診断** 児童虐待による心身の発達への影響, 虐待を受けたことの受けとめ方, 学校や一時保護所における適応状態など子どもの心理面を包括的にアセスメントする。
児童指導員・保育士	一時保護所における基本的な生活習慣の確立, および対人関係の調整, 学習・遊び, 進路に関する相談など日常生活における支援。	**行動診断** 子どもの生活習慣, 健康面, 学力, 他の児童との対人関係の取り方, 保護者への感情などを客観的な行動と語りなどの主観的側面を含めて包括的にアセスメントする。

は, 家庭訪問や学校などの関係機関への訪問による虐待通告後の調査, 家庭訪問や児童相談所での面接を通した子どもや保護者への支援, 子どもや保護者が行政サービスなど各種サービスを使えるようにするための調整, 子どもや保護者の状況を共有して支援方針を立てることを目的とした, 学校・市区町村の児童虐待担当部署・保健所など関係機関との連絡調整を担当している。

　以上のような業務を支える児童福祉司のアセスメントは**社会診断**と呼ばれる。児童虐待の社会診断においては, 虐待の内容, 重症度など, 実際に起こっている虐待の様子だけではなく, 虐待が起こる背景に子どもや保護者の行動傾向やパーソナリティ特性はあるか, 虐待の生じている家族のダイナミクスや家族の中に子どもの支援に役立つキーパーソンはいるか, その家族と学校や地域との関係は良好か, 行政サービスなど各

種サービスは利用できるか，児童相談所からの対応に拒否的ではないか，援助を受ける意向はあるかなど，その子どもや家族を取り巻くさまざまな要因を包括的にアセスメントする必要がある（厚生労働省，2014）。

　社会診断においては，人の行動と態度はその人の周辺にあるすべてのものや人から影響を受けるというシステム論的な視点（Frankel & Gelman, 2004, 野中監訳，2006）が重視される。

児童心理司

　児童心理司は，発達心理学，臨床心理学などの心理学の専門知識を用いて，子どもの発達のアセスメントや支援，心理的ケア，心理教育的アプローチによって子どもや保護者の支援を行う職種である。具体的には，子どもに心理検査・発達検査などを行い，知的発達レベルや行動上の特徴を把握すること，一時保護所に保護されている子どもや乳児院，あるいは児童養護施設などの児童福祉施設に入所している子どもに対して，心理学の専門知識を活用した支援を行ったり，性的虐待の被害を聴き取ったりすることなど多岐にわたる業務を担っている。心理学の専門知識を活用した支援の例としては，プレイセラピーがある。プレイセラピーとは，さまざまな遊具のある相談室（プレイルーム）において，遊びを通して心理司が受容的に対応することによって，子どもに自分の感情や問題となる状況を表現させることを通して支援する手法である。なお，近年は，性的虐待の被害の聴き取りは被害確認面接の専門的な研修を受けた者が担当するようになっている。

　児童心理司の支援を支えるアセスメントは**心理診断**と呼ばれる。児童虐待の心理診断においては，児童虐待が子どもの心身の発達（身体面，情緒面や行動面）にどのように影響しているか，一時保護に至った経緯や保護者からの虐待をどのように受けとめているか，学校や一時保護所などの集団における適応状態はどうかなど，子どもの心理面について包括的にアセスメントすることが求められている（厚生労働省，2014）。

児童指導員・保育士

児童指導員・保育士は，一時保護所において一時保護中の子どもの生活におけるさまざまな支援を行う職種である。一時保護は原則 2 カ月以内と短期間であるものの，子どもが一時的に生活をする期間であるから，児童指導員と保育士の業務は，食事の指導，排せつ自立などの子どもの発達段階に応じた基本的な生活習慣の確立，学習の支援，遊びの支援，進路に関する相談，一時保護所内の対人葛藤の調整（例：児童同士のけんかの仲裁），心理的に不安定になった際の面接など，日常生活の中で考えうるほぼすべての支援を行うことである。

児童指導員と保育士の支援を支えるアセスメントは**行動診断**と呼ばれる。行動診断においては，基本的な生活習慣は確立されているか，学校の学習の積み重ねはできているか，他の子どもとの対人関係はどうか，児童指導員と保育士との関わり方はどうか，保護者に対してどのような感情を持っているかといったことについて，客観的な行動だけではなく，子どもの語りなど主観的側面も加味して，さまざまな側面からアセスメントすることが求められる（厚生労働省，2014）。行動診断においても，疾病に関する知識，子どもの発達に関する知識や子どもが置かれていた環境に関する理解，カウンセリングに関する知識など，包括的な視点が必要とされている。

この他にも，医師，保健師，看護師，栄養士など，さまざまな専門職が児童相談所で勤務している。医師は，子どもの診察，医学的検査などにより虐待が子どもの心身に及ぼした影響に関する医学的判断，子どもや保護者への医学的見地からの指示，指導などを行う。保健師は，乳幼児健診などの母子保健業務を担当している市区町村の保健所，保健センターとの連携，出産後の虐待リスクがあると判断された保護者を支援する際の病院との連携，乳幼児のいる世帯への保健指導などを行う。

また，非常勤職員として，主に児童虐待通告への対応をバックアップする児童虐待対応協力員，一時保護所における子どもの生活を支援する一時保護対応協力員，相談員などが児童相談所における児童虐待対応を

支えている。

◉市区町村

市区町村は育児不安などの身近な子育て相談ニーズにきめ細やかに対応し，虐待の未然防止や早期発見を中心とした相談を実施することが主な役割である。市区町村は，その自治体に居住する住民の基本的な生活を支える行政機関であり，子どもに関する非常に幅広い相談に対応することが可能である。

市区町村において，児童虐待に対応する部署は大きく二つに分けることができる。

第一は，市区町村の児童虐待担当部署である。この部署は，児童虐待だけではなく，不登校などを含めた**児童家庭相談援助**という子どもに関する相談全般を担当している。児童家庭相談援助における児童虐待への対応は，児童虐待の通告を受理した後，社会福祉職，心理職などの相談員が子どもや保護者の相談を受けたり，家庭訪問を通して，児童虐待の状況を確認し，継続的に子育ての支援を行ったりすることが挙げられる。

第二は，保健所，保健センターである。この部署は，主に妊産婦，乳幼児期の子どもを対象とした**母子保健**業務を担当している。たとえば，1歳6カ月児健診など各種の乳幼児健診が挙げられる。保健所，保健センターにおける児童虐待への対応としては，乳幼児健診で虐待のリスクがあると判断された子どもや保護者の把握，保健師による家庭訪問や，継続的な子育て支援が挙げられる。

以上のように，市区町村による児童虐待の対応において中心的な役割を担っているのは，児童虐待担当部署と保健所，保健センターである。しかし，市区町村における児童虐待への対応は，こうした専門部署だけでなく，あらゆる部署が連携して行うという特徴がある。たとえば，市区町村にはこうした専門部署の他にも，子どもや家庭に関する業務を担当する部署として，保育園の申請や入所事務を担当する部署，児童手当やひとり親世帯などを対象とした児童扶養手当の申請を受け付ける部署，

国民健康保険の申請と交付を担当している部署などさまざまな部署がある。こうした各部署に集まる情報が，しばしば虐待通告後の調査や対応において必要となることがある。

　たとえば，「家から閉め出されて家の前で泣いている 5 歳くらいの女の子がいる」という地域住民からの虐待通告を受けた場合，児童虐待担当部署が虐待通告を受けた時点ではその子どもの姓と住所だけしかわからないかもしれない。しかし，保育園申請の担当部署との連携によって，通告のあった子どもが保育園に在籍していることがわかれば，登園状況から子どもの生活状況などを確認することができる。保護者がひとり親であり，児童扶養手当を受給している場合には，児童扶養手当の申請を受け付ける部署と連携することによって，保護者が家庭の現状を申請する現況届を提出しに来た際に，児童虐待担当部署の職員が保護者と面接をすることが可能になる。

　市区町村における児童虐待の専門部署と各種の市民サービスを提供する部署の連携は，特に児童虐待の初期対応において，大きな効果を発揮することができるのである。

　しかし，市区町村の職員配置については，自治体の規模などによって大きな差がある。社会福祉職，心理職などの児童虐待対応の要となる専門職が児童虐待担当部署に配置されていないこともあり（厚生労働省，2018），以上のような部署間の連携が十分に機能している自治体ばかりではない。それゆえ，市区町村において各部署が連携して児童虐待に対応するためには，職員体制を充実していくことが課題となる。

◉ 児童家庭支援センター

　児童家庭支援センターは，児童相談所が遠方にあるなど，地域に根差した身近な相談援助を行うことができない場合を想定して，地域密着型の相談援助を展開する役割を担うことを期待されて創設された相談機関である（堀口，2018）。2020 年 4 月 1 日時点で全国に 130 カ所以上の児童家庭支援センターが開設されており，その多くは乳児院，児童養護施

設などの児童福祉施設を持つ社会福祉法人によって運営されている。

児童家庭支援センターの設置運営要綱（厚生労働省，2016a）によると，児童家庭支援センターの役割は以下の四つである。

第一は，地域の児童の福祉に関するさまざまな問題や相談のうち，専門的な知識及び技術を必要とするものに必要な助言を行うことである。たとえば，児童福祉施設における児童虐待を受けた子どものケアのノウハウを活用して，地域における児童虐待の相談に対応することが挙げられる。この中には，保護者が精神障害などで，家庭での子どもの養育が困難となった場合に，一時的に子どもを預かるサービスであるショートステイ（宿泊），トワイライトステイ・デイステイ（夜間・日中一時預かり）を活用した支援も含まれる。

第二は，市区町村の求めに応じ，技術的助言その他必要な援助を行うことである。たとえば，要保護児童対策地域協議会に参加して，児童虐待への対応について助言を行うことや，保健所や保健センターで行われる乳幼児健診に心理士を派遣して心理相談を担当するなどである。要保護児童対策地域協議会とは，市区町村の児童虐待担当部署を事務局として，学校などの関係機関や民生委員・児童委員などの地域住民も含めて児童虐待に対応していくためのネットワークのことである（詳しくは後述する）。

第三は，児童相談所からの受託による指導（指導委託）を行うことである。たとえば，児童相談所からの依頼（委託）を受けて，施設入所までは要しないが継続的なカウンセリングが必要な子どもや，施設から退所したばかりで継続的に状況を確認し支援していく必要がある子どもへの家庭訪問を行うなどである。

第四は，里親及びファミリーホームからの相談に応じるなど，必要な支援を行うことである。

児童家庭支援センターは児童虐待の程度が軽度から中等度の事例に対して対応する機関であり，児童相談所と市区町村の中間的な役割を担うことが想定されている（図1-4）。しかし実際には，重度の虐待に対応

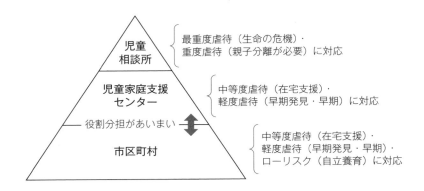

図 1-4　虐待の重症度を基準とした三つの機関の役割及び機能
（厚生労働省，2017a をもとに作成）

している場合もあれば，虐待リスクの低い世帯への子育て支援がメイン
の業務となっているところもある。児童家庭支援センターの役割は，設
置されている自治体の児童相談所や市区町村の児童虐待担当部署の役
割に左右されて，非常に分化・多岐化しているのが現状であり（橋本，
2017），役割や機能の明確化が必要である。

児童虐待への協働・連携による対応
——要保護児童対策地域協議会

　要保護児童対策地域協議会（要対協）とは，児童虐待への対応を行う
児童相談所，市区町村の児童虐待担当部署や保健所，学校，保育園，民
生委員・児童委員，主任児童委員，警察などの関係機関が協働・連携し
て児童虐待に対応していくための仕組みである（児童福祉法 25 条の 2）。
　子どもは地域で生活しており，学校や保育園に通っていたり，地域の
子育て支援センターに通っている場合もある。児童虐待の事実を警察が
把握して児童相談所に通告してくる場合もあれば，子どもの泣き声に気
づいた民生委員・児童委員や主任児童委員が，市区町村や児童相談所に

相談を寄せる場合もある。

したがって，児童虐待の対応においては，児童相談所や市区町村を中心としながらも，さまざまな関係機関，人々が協働・連携していくことが必要になる。要対協はそうした各関係機関の協働・連携を具体化することを目的としている。以下に，「要保護児童対策地域協議会設置・運営指針」を参考に要対協の概要について整理する。

◉ 要対協設置の目的と背景

要対協の目的は，支援を必要とする子どもや保護者に関する情報や支援の進捗状況を各関係機関が共有したり，支援方針を協働して検討することを通して，各関係機関が協働・連携して子どもや家庭への支援を行うことである。

協働・連携が重視される理由は，関係機関の間で適切な支援が提供されず，虐待が発生し深刻化してしまう事例や，守秘義務のために，支援に必要な個人情報が児童相談所や市区町村に提供されない事例があったからである。たとえば，児童相談所も市区町村も双方が虐待の事実を把握しているのに，どちらもお互いが支援を提供していると思い込み，対応がなされなかった事例，転居に際して情報が十分に引き継がれず，転居先での支援が中断してしまった事例，子どもへの支援に活用するために保護者の精神状態について主治医に病状の調査を試みたが，個人情報保護の観点から断られてしまった事例などである。

以上のような事態を防ぎ，児童虐待に対して円滑で適切な支援を行っていくために，要対協は，個人情報保護の明確化と円滑な情報共有が両立できるように運営されている。具体的には，参加した会議等で知り得た情報は漏らしてはならないという守秘義務に関する規定（児童福祉法25条の5）と，学校や医療機関などに対して，保護者や子どもの支援に必要な資料・情報の提供や意見聴取への協力を求めることができるという規定（児童福祉法25条の3）の両方が備えられている。

こうした個人情報保護の明確化と円滑な情報共有には，支援に必要な

子どもや保護者の情報をまとめる部署・機関が必要になる。そのため，要対協では，支援が必要な子どもおよび保護者（ケース）を主に担当する**主担当機関**を明確に設定し，情報の管理，共有が円滑に行われるような工夫がなされている。なお，主担当機関は児童相談所か市区町村の児童虐待担当部署が担うことが一般的である。

　また，主担当機関を中心として子どもや保護者の支援が適切に行われているか，個人情報保護と円滑な情報共有が行われているかを客観的な視点で把握するための調整機関を置くことになっており，市区町村の児童虐待担当部署がその役割を担っている。

◉ 要対協が支援対象とする子どもや家庭

　要対協が支援対象とする子どもや保護者は，要保護児童，要支援児童，特定妊婦に大きく分けることができる。**要保護児童**とは，「保護者のない児童又は保護者に監護させることが不適当であると認められる児童」（児童福祉法第6条の3）であり，児童虐待を受けている子どもや非行のある子どもが含まれる。**要支援児童**とは，保護者の育児不安や精神障害で養育に何らかの支援が必要な子どもであり，その保護者に向けて，家庭訪問などの支援が行われることが多い。**特定妊婦**とは，出産前から何らかの支援が必要な妊婦であり，たとえば精神障害などで養育に不安がある妊婦や，居住地が定まらず転々としている妊婦などが該当する。要対協では，こうした支援対象となる子どもや家庭を「要保護児童等」として整理している。

◉ 要対協の構成

　要対協の協議は，その機能に応じて主に三つの階層に分かれて行われるのが一般的である。

代表者会議

代表者会議は，市区町村の児童虐待担当部署を所管している本庁が運

営主体となることが多く，構成メンバーは有識者，児童相談所長，警察署長，福祉事務所長，保健所長，里親会，教育委員会などで構成され，さまざまな部門から代表者が出席する。主な機能は，児童虐待の現状や市区町村の取り組み状況の報告を通して，要保護児童などの支援に関する枠組みを検討したり，実務者レベルでの取り組みを報告し，共有することである。

実務者会議

実務者会議は，地域で実際に要保護児童等の支援にあたっている各関係機関によって構成される。たとえば，その地域の児童相談所，学校，保育園，民生委員・児童委員，主任児童委員などである。実務者会議は，市区町村の児童虐待担当部署が調整機関となって運営されている。

実務者会議の主な機能は，児童相談所や市区町村の児童虐待担当部署が主担当として支援を行っているケースの進捗状況を確認したり，支援が適切であるか確認・点検することである。これを**ケースマネジメント**と言う。

要対協におけるケースマネジメントとは，要対協で支援の対象となっている子どもや保護者にとって必要な支援やサービスを検討したうえで，実際に支援を行い，その支援が子どもの状況を改善できているか，その有効性について検討するプロセスである。特に実務者会議におけるケースマネジメントは，組織間ケースマネジメントであるという特徴がある。実務者会議では児童相談所と市区町村の児童虐待担当部署のいずれかの機関が主担当となって，協働して支援しているケースだけではなく，児童相談所が単独で支援しているケース，市区町村が単独で支援しているケースを含めて，要対協が支援対象とするすべてのケースについて，児童相談所と市区町村の児童虐待担当部署が共に支援の進捗状況の確認や支援方針の適切さの点検を行う（ケースレビュー）。このように組織間でケースマネジメントを行うことによって，地域の児童虐待ケースが重度から軽度まですべて共有される。たとえば，育児不安が強く，市区町村

の児童虐待担当部署と保健所が家庭訪問を行っているケースも，実務者会議では児童相談所とも情報が共有され，児童相談所に虐待の通告があり緊急性が高まった場合には迅速に対応する準備がなされることになる。

　要対協の調整機関である市区町村の児童虐待担当部署には，この組織間ケースマネジメントをマネジメントする役割がある。この役割を円滑に担っていくために，要対協の調整機関は，進行管理台帳を作成することが求められている。進行管理台帳とは，子どもの年齢や所属の有無，虐待の種別や重症度，虐待を発見したきっかけや支援の現状をまとめたリストである。進行管理台帳には，要対協が支援対象としているすべてのケースが整理されており，この台帳を用いて，組織間ケースマネジメントが行われる。

　原則的には，台帳にリストアップされているすべてのケースに関して，支援の進捗状況を確認したり，支援方針の適切さを点検するが，実務者会議が行われる頻度やケースマネジメントの方法は自治体によってさまざまである。

　いずれにしても，実務者会議によって支援の体制や支援方針を個別に再検討する必要があると判断された場合には，児童相談所や市区町村の児童虐待担当部署，そして保育園など，そのケースに関わりのある関係機関による個別支援会議の開催が検討され，個別支援会議の中で支援の体制や支援方針を再検討することとなる。

個別支援会議（個別ケース検討会議）

　個別支援会議は，特定のケースの支援に携わっているすべての機関により，支援方針や支援における役割分担の検討がなされる会議である。会議の参加者は，実務者会議同様，児童相談所や市区町村の児童虐待担当部署だけではなく，保育園，学校，医療機関，警察，民生委員・児童委員，主任児童委員など，さまざまな関係機関が含まれる。個別支援会議においては，そのケースの主担当機関が中心となって，さまざまな機関が有している情報や支援の状況をまとめてケースマネジメントを行う。

　個別支援会議は，支援方針や支援における役割分担が検討される場であるから，実務者会議より詳細にそのケースの情報や支援の状況が共有される。たとえば，児童相談所における保護者との面接や家庭訪問における子どもの状況，学校や保育園での子どもの生活の様子などを参加したそれぞれの機関が報告し，それぞれの機関が何をするべきか，支援方針と役割分担を考えていく。

　個別支援会議が行われる場合は大きく分けると二つに分類できる。

　第一は，各関係機関が把握する子どもや保護者の状況と支援方針の確認が定期的に必要な場合である。一つの家庭に支援を必要とする子どもが複数いるような多子世帯や，保護者が障害を有していて，障害者支援の担当部署が関わるケースの検討であることが多い。

　第二は，支援の段階が変わることが予想される場合である。たとえば，虐待の被害があり，子どもを一時保護し，児童相談所で支援を行った結果，家庭引取りが可能になった段階で，児童相談所と市区町村の児童虐待担当の部署，学校などの関係機関が子どもの家庭での生活をどのように支えていくかを考えるために開催される場合である。この場合の個別支援会議においては，各関係機関の役割分担を改めて明確にする必要が生じることが多い。

　個別支援会議が行われた後，主担当機関は，要対協の調整機関に対して個別支援会議を実施した旨の報告を行う必要がある。その報告を受けて，要対協の調整機関は，実務者会議の進行管理台帳に個別支援会議の結果を反映し，次の実務者会議に備える。実務者会議と個別支援会議は有機的に結ばれており，その関係を図 1-5 に整理する。

◉ 要対協による児童虐待対応の課題

　以上のように要対協は，要保護児童などのケースマネジメントを行うために重要な枠組みであると言えるが，いくつかの課題も生じている。以下に実務者会議と個別支援会議の課題をそれぞれ挙げる。

　実務者会議の課題は，近年の児童虐待の対応件数の増加により，ケー

調整機関（市区町村）

●調整機関専門職（要対協担当者）を中心とした「組織間ケースマネジメントのマネジメント」を支援

主担当機関

子どもや家庭の支援を担当する機関のうち，
ケースマネジメントを担う機関。
原則的に市区町村か児童相談所がその役割を担う。

市区町村

【主な対象】
●軽度から中等度の虐待ケース。
●保護者の育児不安，精神障害等の要支援ケース。
●出産前から支援を要する妊婦（特定妊婦）。

【組織内意思決定の流れ】
受理会議によるリスクアセスメントから，調査，家庭訪問などを通じて状況を確認し，ケース検討会議で援助方針を検討。

【実際の対応】
援助方針に基づいて，ソーシャルワーカー，心理職，保健師，保育士等の専門職が支援を行う。

実務者会議（ケース進行管理／確認・点検）

【方法】
市区町村あるいは児童相談所が主担当で，要対協で把握している（すべての）ケースについてケースマネジメントを行う。

【視点】
●主担当機関の検討。
●現在支援中のケースについて支援状況や支援方針の確認。
●支援が必要にもかかわらず，適切な支援がなされていないケースがないか点検。

組織間ケースマネジメント
（連携・役割分担等の確認，検討）

個別支援会議（個別のケースの援助方針の検討）

【方法】
市区町村あるいは児童相談所が主担当で要対協で把握している個別のケースについて，その担当者が集まり個別に支援方針の検討を行う（ケースカンファレンス）。

【視点】
●子どもや家庭の状況のアセスメントの共有，支援方針の検討と協議。
●アセスメントと支援方針に基づく，主担当機関，及び各機関の役割分担の協議。

児童相談所

【主な対象】
●一時保護が必要等，比較的重度の虐待ケース。
●虐待通告を児童相談所で受理した軽度から重度の虐待ケース。

【組織内意思決定の流れ】
受理会議によるリスクアセスメントから，調査，安全確認などを通じて，状況を把握し，援助方針会議で援助方針を検討。

【実際の対応】
援助方針に基づいて，児童福祉司，児童心理司，保健師等の専門職が支援を行う。

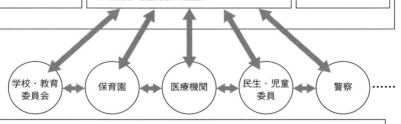

| 学校・教育委員会 | 保育園 | 医療機関 | 民生・児童委員 | 警察 | ……

市区町村・児童相談所との実務者会議・個別支援会議を通じた連携・協働

図 1-5　要対協における個別支援会議と実務者会議の関係

スレビューによるケースマネジメントが機能しにくくなっていることである。児童相談所や市区町村の児童虐待担当部署によって，児童虐待の通告が受理されると，その通告が要対協の進行管理台帳に新しく載せられ，ケースマネジメントの対象になる。年度中に1,000件の虐待通告があれば，レビューすべきケースが1,000件増えることになる。その年度より前に虐待通告のあったケースの数を加えると，進行管理台帳に載っているケースは膨大な数になる。実務者会議のケースレビューは，基本的には半日から1日で行われるので，1ケースのマネジメントにかけられる時間は限られる。これでは，そのケースの支援方針が適切かどうかの確認や，そもそも必要な支援が行われているかといった点検が物理的に難しくなる。

　児童虐待の件数は増加傾向にあり，今後もその件数が増加していくことが予想される。虐待の通告件数の増加に合わせた効果的な実務者会議のあり方を検討していく必要がある。

　個別支援会議の課題は，個別支援会議の目的や前提が関係機関間で共有されておらず，支援方針や役割分担を検討することが難しい場合があることである。たとえば，児童相談所が会議を開いた目的は，「子どもを一時保護から家庭引取りにしたうえで，子どもの家庭での生活を支えていくために必要な支援を検討する」ことであったとしても，市区町村の児童虐待担当部署や子どもが戻ってくることになる学校に「保護者は何も変わっていないので家庭引取りには懸念がある」場合などは，各関係機関の役割分担を調整するのが難しくなる。

　個別支援会議において，各関係機関が支援方針や役割分担を効果的に検討するためには，客観的な基準を用いてリスクアセスメントを行うこと（第2章参照），そして会議以外の日々の協働や連携が重要であり，お互いの考えや役割，支援において困っている部分まで理解しあえる関係を構築しておくことが重要である。

児童虐待対応に関連する法改正の概要

　本章の冒頭で取り上げたように，児童虐待の対応件数は増加の一途を
たどっていることから，国は頻繁に児童福祉法と児童虐待防止法および
関連する法律の改正を行っている。以下では，厚生労働省（2016b）お
よび内閣府・厚生労働省（2019）を参考に，近年の法改正の概要につい
て取り上げたい。

◉ 児童相談所の体制の強化と機能の明確化

児童相談所の人員体制の強化

　2017 年時点の 1 名の児童福祉司あたりの全相談受理件数の平均は
148.8 件であり（川松，2018），増加する虐待通告の結果，1 名の児童福
祉司が 100 件以上のケースを担当している状況が常態化している。この
ような背景から近年の児童福祉法改正では児童相談所の体制を強化する
ことが定められている。

　2016 年 10 月の改正においては，児童福祉法施行令（以下政令）で児
童福祉司の配置基準が見直され，児童相談所の管轄地域の人口 4 万人に
1 名の配置を標準とし，虐待対応件数に応じた上乗せを行うこととなっ
た。その後，2019 年 4 月に政令が改正され，3 万人に 1 名という基準に
なり，2020 年 4 月施行の児童福祉法改正においては，改正前より明確
な基準が明記された。それによれば，児童福祉司の数は，政令で定める
基準をもとに，管轄内の人口，虐待の相談件数，里親委託の状況，市町
村の状況等を踏まえて，都道府県が総合的に判断することとなった。

　「令和元年度全国児童福祉主管課長・児童相談所長会議資料」（厚生
労働省，2019a）によると，2019 年 4 月時点での全国の児童相談所の
職員配置人数は，児童福祉司が 3,635 名，児童心理司が 1,570 名であり，
2018 年 4 月 1 日時点と比較すると，児童福祉司は 209 名の増員，児童
心理司は 123 名の増員となっており，着実に児童相談所の人員体制は強

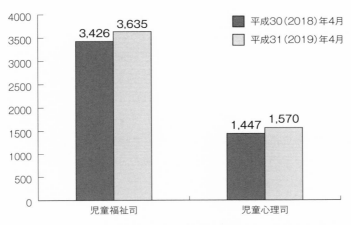

図 1-6　児童相談所における児童福祉司と児童心理司の配置状況
（厚生労働省，2019a をもとに作成）

化されてきている（図 1-6）。

　2016 年から 2017 年の児童福祉法改正では，児童福祉司や児童心理司など，実際に児童虐待に対応する職員に加えて，**指導及び教育を行う児童福祉司（スーパーバイザー）**を児童福祉司 5 名につき 1 名配置することが政令に規定されている。児童相談所運営指針によれば，スーパーバイザーとは，児童福祉司など，児童相談所で実際に児童虐待に対応する職員の対応能力の向上を目的として，教育・訓練・指導にあたる，おおむね 5 年以上の勤務経験のある児童福祉司であり，相談援助に熟練している者である。これは，増員された児童福祉司や児童心理司の児童虐待対応への専門性を高め，適切な支援ができるようにサポートする意図があると考えられる。

　2020 年 4 月施行の改正においては，このスーパーバイザーが児童福祉司の中に含まれなければならないと明記された。つまり，他の児童福祉司をサポートする体制の強化が図られたのである。また，2022 年 4 月に施行される改正では，児童相談所への弁護士の配置（あるいは，そ

れに準ずる措置），児童相談所の職員に医師及び保健師がそれぞれ 1 名以上含まれなければならないことが明記されている。それゆえ，児童相談所は，福祉・心理・保健・医療，そして司法と，あらゆるアプローチから子どもを支援する機関として強化されていくと言える。

こうした児童虐待に対応する職員の増員に伴い，その専門性を向上させることを目的とした研修も義務化されている。厚生労働省（2017b）では，児童福祉司任用前講習会，児童福祉司任用後研修はそれぞれ 30 時間，スーパーバイザー研修は講義と演習を含み 28.5 時間必要であることが定められている。

たとえば，児童福祉司の任用後研修においては，八つの科目から構成されるカリキュラムを受講し，児童虐待への対応に必要な知識，技術，態度を学ぶことが求められる（表 1-6）。この研修を受講した結果，到達すべき個別の目標としては，たとえば，虐待のリスクファクターに関する知識を獲得すること，虐待の緊急性に関する適切なアセスメントと介入を行うための技術を獲得することが挙げられる。こうした知識・技術・態度を学ぶことによって，「子どもの権利を守ることを最優先の目的としたソーシャルワークを行うことができる」ようになることが期待されている。

児童相談所の機能の明確化

2020 年 4 月の改正において行われた児童相談所の機能の明確化について二つ紹介する。

第一は，児童相談所が一時保護解除後に行わなければならないことが明記されたことである。改正前の児童福祉法における一時保護に関する規定は，「児童の一時保護を行うこと」のみであった。近年，一時保護解除後に虐待が再発し，死亡事例などの重大事案に発展していることから，この改正では一時保護解除後，家庭やその他の環境調整を行うこと，子どもの状況の把握，そして子どもの安全を確保することが児童相談所の業務として明記された。

表 1-6　児童福祉司の任用後研修の科目とその具体例

(厚生労働省，2017b をもとに作成)

科目	具体例
1. 子ども家庭支援のためのケースマネージメント	子ども・家族とその関係性のアセスメント
2. 子どもの面接・家族面接に関する技術	子どもの面接・家族面接（ロールプレイ）
3. 児童相談所における方針決定の過程	ケースカンファレンス（事例検討）
4. 社会的養護における自立支援	ファミリーソーシャルワークおよび家庭復帰支援のあり方
5. 関係機関（市区町村を含む）との連携・協働と在宅支援	要対協と児童相談所との協働
6. 行政権限の行使	親権停止・喪失，未成年後見人，無戸籍児童への対応
7. 子ども虐待対応	虐待事例のケースマネージメント（アセスメント・プランニング）
8. 非行対応	非行ケースへの介入のあり方

　第二は，子どもの一時保護を行った職員とは別の職員が保護者の対応・支援を行わなければならないことが明記されたことである。これを**介入機能と支援機能の分離**と言う。ここでの介入とは，たとえば法的権限（児童福祉法第 33 条）に基づいて子どもの一時保護を行うことで，支援とは，保護者や子どもとの相談を担当するなど，虐待の発生や再発を予防するために必要な支援を提供することを指す。

　通常，児童福祉司は地区担当制なので，その地区で発生した虐待については発生時から担当することになる。しかし，地区担当の児童福祉司が虐待の発生時の介入を行うことで，保護者との関係が悪化し，保護者が家庭訪問を拒否するなど，子どもや保護者への支援が十分に行えなくなる場合がある。支援と介入を分離することによって，先に挙げたような関係の悪化を極力避け，児童相談所と保護者が支援方針や目標を共有しやすい関係を作り，支援をスムーズに提供することが可能になる。

　しかし，一方で介入の時点から保護者と関わり，関係が悪化しても保護者と関わり続けることで，保護者支援の糸口がつかめる場合もある。たとえば，子どもの引き取り要求など，応えることが難しい保護者からの要求に対応し続ける中で，保護者自身が幼少期に虐待を受けていたことや，保護者の子育てへの悩みが語られる場合がある。

　したがって，子どもや保護者に効果的な支援を提供するための適切な役割分担とは何かという視点から介入機能と支援機能の分離を考える必要がある。

◉市区町村の児童虐待対応の体制強化

児童相談所設置自治体の拡大

　従来，児童相談所は都道府県，政令指定都市（たとえば横浜市），一部の中核市（たとえば横須賀市）に設置されていた。2017 年 4 月施行の児童福祉法改正においては，特別区も児童相談所を設置することが可能になり，2020 年 8 月時点で世田谷，江戸川区，荒川区の三つの区が児童相談所を設置している。2020 年 4 月施行の改正では，中核市や特別区の児童相談所設置のために政府が必要な措置を行うことも明記された。特別区に児童相談所が設置されることによって，一つの児童相談所が複数の特別区を担当している現行の体制と比較すると，特に一時保護など児童相談所しか行うことのできない法的権限を用いた対応がより迅速に行えるようになることが期待できる。また，特別区への児童相談所の設置によって，児童相談所と区の児童虐待担当部署の両方を特別区の職員が担うことになる。人事異動によって，児童相談所と区の児童虐待担当部署の両方の業務を理解できる職員も増えていくはずである。特別区への児童相談所の設置は，児童相談所と区の児童虐待担当部署のより効果的な連携につながるだろう。

市区町村における支援拠点の整備

　2016 年から 2017 年の児童福祉法改正においては，子どもや家庭支援

の拠点整備が行われた。整備の推進が定められた支援拠点は，**子育て世代包括支援センターと市区町村子ども家庭総合支援拠点**である。

　子育て世代包括支援センターは，2016 年から 2017 年の児童福祉法の改正に合わせて改正された母子保健法に基づく機関である（法律名は母子健康包括支援センターと言う）。子育て世代包括支援センターは，妊娠期から主に乳幼児を対象とした子育て期を対象としており，従来，保健所や保健センターで行われてきた業務や福祉事務所で行われてきた子育て支援に関する業務を担当することが想定されている。たとえば，妊婦健診に関する業務，乳幼児健診などの母子保健サービスや保育園入園の申請や入所事務，ショートステイやトワイライト・デイステイといった子育て短期支援事業などの子育て支援サービスがそれにあたる。子育て世代包括支援センターは，育児不安のある保護者など，虐待リスクで整理すれば軽度の虐待リスクのある家庭に対して，母子保健サービスや子育て支援サービスの一体的な提供による予防的な支援を行うことが主な役割である。

　後者の市区町村子ども家庭総合支援拠点は，要対協の調整機関である市区町村の児童虐待担当部署を中核とした拠点であり，主に学齢期以降の子どもや保護者からの子育てに関するさまざまな相談を受けること，要対協の調整機関としての役割を引き続き担い，児童相談所などの関係機関と連携して児童虐待に対応していくことが主な役割である。虐待の重症度で整理すると，実際に身体的虐待やネグレクトが起こっている軽度から中等度以上の虐待リスクのある家庭が主な対象となる。

　子育て世代包括支援センターと市区町村子ども家庭総合支援拠点の特徴を表 1-7 に整理する。

　なお，子育て世代包括支援センターと子ども家庭総合支援拠点は，同一の機関が担当することが期待されている。従来，母子保健サービスは保健所に，市区町村の児童虐待担当部署は福祉事務所に置かれることが多く，二つの機能は別々の機関が担っていたため，乳幼児期における支援が学齢期に入ると引き継がれないといった問題も生じやすかった。こ

表 1-7　子育て世代包括支援センターと市区町村子ども家庭総合支援拠点の相違点
(厚生労働省，2017c をもとに作成)

	子育て世代包括支援センター	市区町村子ども家庭総合支援拠点
根拠法	母子保健法	児童福祉法
主な対象	妊娠期の保護者から乳幼児期の子ども，およびその保護者。虐待リスクとしては軽度の家庭。	学齢期以降の子ども，およびその保護者。虐待リスクとしては，軽度から中等度以上の家庭。
主な役割	・妊産婦及び乳幼児の生活状況の把握 ・保健師などによる妊娠・出産・子育てに関する各種の相談，助言，母子保健サービスの提供。 ・育児不安のある妊産婦の対応方針に関する支援プランの作成。 ・他の保健医療機関，福祉の関係機関との連絡調整。	・子どもや家庭からの相談を受けるなど子ども家庭支援全般に係る業務。 ・児童虐待のリスク判断やリスクのアセスメントなど要支援・要保護などへの支援業務。 ・要対協の調整機関として，他の関係機関との連絡調整業務。
従来の役割との対応	母子保健サービス，子育て支援サービス	児童家庭相談援助，要対協調整機関

の二つの拠点を同一の機関が担当し，母子保健サービスと児童虐待対応が一つの機関で一体的に行われることになれば，子どもが生まれる前から 18 歳までの間をワンストップで支えることができる。これは子どもや家庭に対して，切れ目のない支援を行うことにつながるであろう。

◉ 関係機関連携の強化および児童相談所間の引き継ぎの迅速化

近年の児童虐待による死亡事例においては，関係機関同士の連携や転居に伴う児童相談所間の引き継ぎが不十分であった事例があることから，近年の法改正では，児童相談所と市区町村間のアセスメントの共通化，学校や医療機関等の関係機関連携の強化，そして児童相談所間の引き継ぎを迅速化するための改正が行われている。

共通リスクアセスメントツールの作成

　従来の児童虐待対応においては，児童虐待の緊急度や重症度といったリスクをアセスメントする際に，児童相談所と市区町村の児童虐待担当部署が必ずしも共通の指標を用いているわけではなかった。児童虐待への対応に中心的な役割を果たしている児童相談所と市区町村の児童虐待担当部署において，児童虐待のリスクを判断する共通の指標がなかったために，両者の判断が食い違うことがあり，それが適切な支援につながらない場合があった。

　そのため，2016年から2017年の児童福祉法の改正においては，児童相談所と市区町村が同じ基準で児童虐待のリスクを判断することを目的とした**共通リスクアセスメントツール**が導入されることとなった（厚生労働省，2017a）。このツールは，特に児童虐待の通告を受け，虐待通告を受理した後の対応において留意すべきポイントをまとめており，アセスメント項目は四つの観点から構成され，支援の目標も含めた総合評価が作成される。第一の観点は，虐待状況の確認である。たとえば，身体的虐待の場合，部位や大きさはどうか，傷を負った状況に不自然さはないか，ネグレクトであれば，必要な医療を受けさせていない状況がないかといったことが確認される。第二は子どもの状況である。子どもが家から離れる意思があるか，家庭訪問などによって子どもの状況が確認されているかといったことが確認される。第三は世帯の状況である。転居を繰り返していないか，収入は安定しているかなど，生活状況が確認される。第四は保護者の状況である。子育てに必要な知識や子どもへの関心は十分か，子育てに影響を与えるほどの精神障害があるか，家庭訪問などの援助に拒否的な態度はないかといったことが確認される。

　児童相談所と市区町村の児童虐待担当部署がこのツールを用いて，共通の基準で児童虐待の緊急性や重症度を判断することによって生じるメリットは以下の二つである。

　第一のメリットは，児童虐待の通告を受理したケースへのより適切な対応が可能になることである。たとえば，近隣からの泣き声の通告を児

童相談所が受理した場合を考えてみよう。児童相談所の虐待調査の結果，保健所の保健師や市区町村の児童虐待担当部署のソーシャルワーカーによる支援が必要であると判断したとする。その場合，児童相談所は，送致という枠組みを用いて，市区町村の児童虐待担当に適切な支援を依頼することになる。児童虐待の判断に用いられるツールが共通していることで，送致を受けた市区町村の児童虐待担当部署が，どんな点に留意して対応すべきか判断しやすくなる。また，他に不明な情報にはどんなものがあり，今後，何を調査して対応すべきなのかという対応の方向性も検討しやすくなる。それゆえ，指標が共通していない場合よりも，市区町村の虐待への対応が適切になることが期待できるのである。

　第二のメリットは，ツールの活用を通じて児童相談所と市区町村の児童虐待担当部署の連携が深まることである。児童虐待の判断に同じツールを用いて，お互いの判断を共有することで，お互いの機関が相手の判断の基準やどんな観点から虐待のリスクをアセスメントしているか理解できる。たとえば，市区町村の児童虐待担当部署が「児童相談所は児童虐待の重症度はそこまで高くないと判断しているから，一時保護を検討しないのだな」など児童相談所の判断基準，その判断が行われたときの対応の仕方を理解することができる。そして，ツールが共通していることから，「保護者の子育ての知識や子どもへの関心から，児童相談所が考えているよりリスクが高いのではないか，ネグレクトが悪化する危険性はないか」など市区町村の児童虐待担当部署が児童相談所に判断の再検討を依頼するときにも共通した観点から議論が可能である。そうした検討のプロセスにおいて，お互いの判断基準，お互いの役割の理解が進むことが想定でき，ツールの活用を通じた連携の深まりが期待できるのである。

　なお，このツールの活用においては，すでに児童相談所と市区町村で共通のツールを活用している場合は，共通リスクアセスメントツールの内容や運用方法を再度確認したうえで，既存のツールを活用してもよいことが定められている（厚生労働省，2017a）。たとえば，児童相談所と

市区町村の児童虐待担当部署が，共通リスクアセスメントツールをもとに，自分たちの担当地域の特色や対応することが多い事例のタイプなどを考慮したツールの活用を検討することも可能である。お互いが用いるツールそのものを協働して検討することによって，さらにお互いの連携が深まることが期待できる。

　共通アセスメントツールをはじめ，虐待のリスクアセスメントについては次章で詳しく検討する。

関係機関連携の強化

　関係機関連携の強化に関する法改正は，以下の三つに整理することができる。

　第一は，連携すべき関係機関の明確化であり，連携強化を図るべき具体的な関係機関として，児童相談所，福祉事務所，配偶者暴力相談支援センター，学校，医療機関などが明確に規定された（児童虐待防止法第4条）。

　第二は，児童虐待の早期発見の努力義務の対象者の明確化であり，学校の教職員や教育委員会等，児童虐待の早期発見に努めなければならない者が具体的に規定されており，この規定に挙げられている者は，守秘義務を遵守しなければならないことが明記されている（児童虐待防止法第5条）。

　第三は，要対協からの情報提供等の求めへの応答の努力義務である（児童福祉法25条の3）。これまでは，要対協が関係機関に対して，資料の提供や協力を求めることができるという記載にとどまっていたが，2020年4月の法改正によって，要対協から資料の提供や協力の求めがあった場合，関係機関はそれに応ずるよう努めなければならないことが追加された。

　千葉県野田市における死亡事例の報告書（野田市，2020）では，学校から児童相談所への通告が遅れたことや，市の児童家庭課，児童相談所，学校，教育委員会などの関係機関による支援会議の実施が不十分であっ

たこと，要対協を通して支援を行っていることが関係機関に十分に伝わっていなかったことなどが死亡事例の発生した要因の一つとして指摘されており，連携すべき関係機関を明記したり，早期発見の努力義務の対象者を明確にした法改正は，関係機関職員の児童虐待対応における連携意識を強化し，死亡事例など重大案件を防止する意図があると考えられる。

　以上のような法改正を活かして，児童相談所や市区町村と学校や医療機関等の関係機関の連携を強化していくためには，児童相談所や市区町村と関係機関が個別支援会議を開き，それぞれが支援の当事者であるという意識を持ち，お互いの役割を確認する機会を持つことが必要であると考えられる。

児童相談所間の引き継ぎの迅速化

　厚生労働省（2019b）は，東京都目黒区で5歳の女児が死亡した事例における問題点の一つとして児童相談所間の引き継ぎの不適切さを挙げている。具体的には，転居元の児童相談所が転居先の児童相談所に送った資料にケースの特徴や虐待のリスクアセスメントに関する明確な情報がなかったこと，市区町村間と児童相談所間の連絡のタイミングがずれたため，転居先の市区町村と児童相談所が連携して対応ができなかったことが挙げられている。

　2020年4月施行の改正では，子どもが転居する場合には，必要な支援が切れ目なく行われるよう，転居元の児童相談所が転居先の児童相談所に速やかに情報提供を行うこと，転居先の児童相談所は，要対協における速やかな情報交換や緊密な連携を図る必要があることが明記されている（児童虐待防止法第4条）。

　切れ目のない支援を提供するためには，虐待の重症度が高いケースの場合には，転居先が遠方であっても，転居元の児童相談所と転居先の児童相談所の職員が合同で子どもの転居先に訪問したり，転校先の学校や市区町村の児童相談担当部署を訪問し，支援方針を確認したりするなど

の配慮が必要になるだろう。

児童虐待対応における今後の課題

　児童相談所や市区町村においては，さまざまな職種の人々が子どもや保護者の支援に関わり，児童虐待対応に取り組んでいる。また，児童福祉法など関係した法律の改正によって，児童相談所，市区町村それぞれにおいて，児童虐待に対応する体制が強化されてきている。しかし，そうした状況があるからこそ生じうる課題もある。それを以下に二つ挙げる。

◉ 児童虐待に対応する人材の育成

　近年の児童福祉法の改正によって，児童相談所の職員が順次増員されてきている。このように児童福祉司，児童心理司を中心とした児童虐待に対応する職員が増えてくることは大変望ましいことである。しかし一方で，児童虐待への対応は非常に専門性の高い業務であり，増員された職員を専門家として育成する人材育成が大きな課題となる。

　国は，児童福祉司の任用後研修やスーパーバイザー研修などの必要な研修の機会とその時間数について定め，各自治体もそれらの研修の機会を職員に提供するようにしている。しかし，研修を受けただけで，児童虐待対応の専門家としてすぐに一人前になれるかというとそれは難しい。専門職として，一人前に成長していくには，10年かかると言われる（Ericsson, 1996）。それゆえ，児童相談所に採用されて1年目の職員が高い専門性を発揮して児童虐待に対応していくためには，経験豊富なスーパーバイザー級の職員からのサポートが不可欠であり，こうしたスーパーバイザー級の職員の養成が重要になってくる。

　スーパーバイザー級の職員を養成する方向性としては以下の二つが考えられる。一つは，児童虐待への対応に特化した高い専門性を有するスペシャリストを養成する方向性である。たとえば，児童相談所に10年

以上勤務するなどして，児童相談所に関するあらゆる業務を経験することが考えられる。もう一つは，さまざまな職場を経験して，児童虐待以外の福祉制度にも詳しい福祉のジェネラリストを養成する方向性である。児童虐待が発生した家庭が生活保護を受けている場合もあるし，保護者になんらかの障害があり，障害者福祉のサービスを利用している場合もある。児童虐待への対応にあたっては，あらゆる福祉サービスとの関わりを考える必要があり，他の福祉サービスについても一定程度理解しておかないと，スーパーバイザーとして適切な助言ができない場合もある。それゆえ，児童相談所で数年間児童虐待への対応を経験した後，生活保護の担当や障害者福祉の担当としての業務を経験して，再び児童相談所で児童虐待の対応を行うといった人事異動を行うことが必要であろう。

◉児童虐待に対応する関係機関の対応方針の不一致

　現状ではやはり関係機関の間で，児童虐待の緊急度，重症度や必要な対応に関する方針が一致しない状況が見られる。児童相談所が「まだ市区町村の児童虐待担当や保健所で対応できるのでは」と考えている一方で，市区町村の担当や学校などの関係機関は，「児童相談所の一時保護で親子分離が必要だ」と考えているというように，対応方針が一致しない現状が報告されている（子どもと福祉編集委員会，2013）。こうした対応方針の不一致は，児童虐待の緊急性や重症度の認識が機関によって異なることから生じている。Benbenishtyら（2002）は，経験の浅い，あるいはあまりトレーニングされていない専門職は，経験豊富でトレーニングを受けている専門職と比較すると，児童虐待の緊急度や重症度を高く見積もり，親子分離を支持する傾向があることを報告している。つまり，児童虐待への対応経験によって，重症度の判断が異なる可能性がある。

　児童虐待対応の経験数という観点から考えると，市区町村の児童虐待担当部署や保健所の担当者の児童虐待への対応経験は，児童相談所の職員より少ない。市区町村や保健所の業務は多岐にわたり，育児不安で

精神的なサポートが必要な保護者，乳幼児健診や各種制度の申請で窓口に訪れる保護者など，児童虐待が発生するリスクのある家庭だけではなく，リスクがほとんどない家庭まで幅広く対応しているからである。一方で，児童相談所の職員はほぼ毎日児童虐待に対応していると言っても過言ではない。そのため，同じケースについて市区町村の担当者は，「児童相談所の一時保護で親子分離が必要だ」と考えていても，児童相談所が「まだ市区町村の児童虐待担当や保健所で対応できるのでは」と考えているといった不一致が起きている可能性がある。

　それゆえ，もし児童虐待への対応経験数が虐待の緊急度や重症度，そして対応方針の不一致に影響しているならば，共通リスクアセスメントツールなど，児童虐待の判断に関する客観的で共通の指標を用いることは有効な対策になると考えられる。第2章で指摘しているように，共通リスクアセスメントツールは，リスクアセスメントのツールとしては改善の余地がある。それでも，共通のツールを用いて判断を共有することで，お互いの機関の判断基準を理解することができるし，もし判断に不一致が生じていても，共通のツールであるがゆえにその不一致が生じている要因は何かを検討することができる。次第に，判断の不一致は解消されていくはずである。共通リスクアセスメントツールなど，客観的な指標を有効に活用し，児童虐待に対応する関係機関連携をよりいっそう深めていくことが求められる。

文　献

Arata AM, Langhinrichsen-Rohling J, Bowers D & O'Farril-Swails L (2005) Single versus multi-type maltreatment : An examination of the long-term effects of child abuse. *Journal of Aggression, Maltreatment & Trauma,* 11 ; 29-52.

Benbenishty R, Segev D, Surkis T & Elias T (2002) Information-search and decision-making by professionals and non-professionals in cases of alleged child abuse and maltreatment. *Journal of Social Service Research,* 28 ; 1-18.

千賀則史 (2014) 児童相談所の家族再統合に向けた心理援助の現状と課題．名古屋大学大学院教育発達科学研究科紀要．心理発達科学，61 ; 57-68.

Ericsson KA（1996）*The Road to Excellence : The acquisition of expert performance in the arts and sciences, sports, and games.* Lawrence Erlbaum Associates.

Frankel AJ & Gelman SR（2003）*Case Management : An introduction to concept and skills (2nd ed.)*. Lyceum Books.（野中猛監訳・羽根潤子訳（2006）ケースマネジメントの技術. 金剛出版）

Grolnick WS & Apostoleris NH（2002）What makes parents controlling? In EL Deci & RM Ryan（Eds.）*Handbook of Self-Determination Research,* pp.161-181. University of Rochester Press.

Grolnick WS, Ryan RM & Deci EL（1991）Inner resources for school achievement : Motivational mediators of children's perceptions of their parents. *Journal of Educational Psychology,* 4 ; 508-517.

橋本達昌（2017）児童家庭支援センターの役割と将来展望：主に法制上の制度設計とその変容に着目して. 自治総研, 459 ; 80-96.

堀口康太（2018）児童家庭相談における児童家庭支援センターの役割と今後の課題：児童版の地域包括ケアシステムの構築に向けて. 子育て研究, 8 ; 16-26.

Joussemet M, Edward FV, Barker D, Côté S, Nagin DS, Zoccolillo M & Tremblay RE（2008）Controlling parenting and physical aggression during elementary school. *Child Development,* 79 ; 411-425.

加藤曜子（2001）児童虐待リスクアセスメント. 中央法規.

川松亮（2018）全国児童相談所長会平成 29・30 年度調査「児童相談所業務の推進に資するための相談体制のあり方に関する調査」中間報告.（https://www.mhlw.go.jp/content/11920000/000394624.pdf.）（2019 年 6 月 11 日アクセス）

子どもと福祉編集委員会（2013）特集：児童相談所 VS 市区町村児童家庭相談窓口：機関連携のポイント全 13 事例をレポート. 子どもと福祉, vol.6. pp.69-103. 明石書店.

厚生労働省（2014）子ども虐待対応の手引き.（https://www.mhlw.go.jp/seisakunitsuite/bunya/kodomo/kodomo_kosodate/dv/dl/120502_11.pdf）（http://www.mhlw.go.jp/toukei/list/38-1.html）（2019 年 3 月 9 日アクセス）

厚生労働省（2016a）児童家庭支援センターの設置運営などについて.（一部改正平成 28 年 9 月 1 日雇児発 0901 第 5 号）

厚生労働省（2016b）児童福祉法の一部を改正する法律の施行について.（https://www.mhlw.go.jp/file/06-Seisakujouhou-11900000-Koyoukintoujidoukateikyoku/1_6.pdf）（2019 年 3 月 25 日アクセス）

厚生労働省（2017a）児童虐待に係る児童相談所と市区町村の共通リスクアセスメントツールについて.（https://www.mhlw.go.jp/file/06-Seisakujouhou-11900000-Koyoukintoujidoukateikyoku/0000161641.pdf）（2019 年 3 月 10 日アクセス）

厚生労働省（2017b）児童福祉司など及び要保護児童対策調整機関の調整担当者の研

修などの実施について．（https://www.mhlw.go.jp/file/06-Seisakujouhou-11900000-Koyo ukintoujidoukateikyoku/0000161636.pdf）（2019 年 3 月 15 日アクセス）

厚生労働省（2017c）子育て世代包括支援センターの設置運営について（通知）．（https:// www.mhlw.go.jp/web/t_doc?dataId=00tc2680&dataType=1&pageNo=1）（2019 年 3 月 15 日アクセス）

厚生労働省（2018）平成 30 年度全国児童福祉主管課長・児童相談所長会議資料：平 成 29 年度市町村の虐待対応担当窓口等の状況調査結果．（https://www.mhlw.go.jp/ content/11900000/000349861.pdf）（2019 年 6 月 14 日アクセス）

厚生労働省（2019a）令和元年度全国児童福祉主管課長・児童相談所長会議資料：児 童相談所関連データ．（https://www.mhlw.go.jp/content/11900000/000535923.pdf）（2020 年 6 月 6 日アクセス）

厚生労働省（2019b）子ども虐待による死亡事例等の検証結果等について（概要版）． （https://www.mhlw.go.jp/stf/seisakunitsuite/bunya/0000173329_00002.html）（2020 年 6 月 6 日アクセス）

厚生労働省（2020a）平成 30 年度福祉行政報告例・概況．（http://www.mhlw.go.jp/toukei /saikin/hw/gyousei/18/dl/saikyo.pdf）（2020 年 6 月 3 日アクセス）

厚生労働省（2020b）平成 30 年度福祉行政報告例：児童福祉：34 表：市町村におけ る児童虐待相談の対応件数．（https://www.e-stat.go.jp/stat-search/file-download?statInfId =000031907849&fileKind=1）（2020 年 8 月 27 日アクセス）

中谷奈美子・中谷素之（2006）母親の被害的認知が虐待的行為に及ぼす影響．発達 心理学研究，17 ; 148-158.

内閣府・厚生労働省（2019）児童虐待防止対策の強化を図るための児童福祉法等の 一部を改正する法律の公布について

野田市（2020）野田市児童虐待死亡事例検証報告書（公開版）．（https://www.city.noda. chiba.jp/_res/projects/default_project/_page_/001/025/003/houkokusyo2020.pdf）（2020 年 6 月 6 日アクセス）

Norman RE, Byambaa M, De R, Butchart A, Scott J & Vos T（2012）The long-term health consequences of child physical abuse, emotional abuse, and neglect : A systematic review and meta-analysis. *Plos Medicine,* 9 ; 1-31.

奥山眞紀子（2010）マルトリートメント（子ども虐待）と子どものレジリエンス．学 術の動向，15 ; 46-51.

Paolucci ED, Genuis ML & Violato C（2001）A meta-analysis of the published research on the effects of child sexual abuse. *Journal of Psychology,* 135 ; 17-36.

Righthand S, Kerr B & Drash K（2003）*Child Maltreatment Risk Assessments : An evaluation guide.* The Haworth press.

Solomon D, Åsberg K, Peer S & Prince G（2016）Cumulative risk hypothesis: Predicting and preventing child maltreatment recidivism. *Child Abuse & Neglect,* 58 ; 80-90.

Stith SM, Liu T, Davies, LS, Boykin EL, Adler MC, Harris JM, Som A, McPherson M & Dees JEMEG（2009）Risk factor in child maltreatment : A mete-analytic review of the literature. *Aggression and Violent Behavior,* 14 ; 13-29.

徳永雅子（2007）子ども虐待の予防とネットワーク：親子の支援と対応の手引き. 中央法規出版.

友田明美（2016）被虐待者の脳科学研究. 児童青年精神医学とその近接領域，57；719-729.

Tomoda A, Suzuki H, Rabi K, Sheu YS, Polcaria A & Teicher MH（2009）Reduced prefrontal cortical gray matter volume in young adults exposed to harsh corporal punishment. *Neuroimage,* 47（Supplement 2），T66-T71.

第2章 | 児童虐待のリスクと リスクアセスメント

〈虐待のリスクを予測する〉とはどういうことか。専門家の臨床的判断よりも統計に基づく判断が優れているのはなぜか。科学的なリスクアセスメントはどうして広がらないのか———

原田隆之

児童虐待のリスクアセスメント

　児童福祉の分野で働く専門家にとって，言うまでもなく最も大事なことは，子どもの安全を守り，子どもとその家族のウェルビーイングを最大化することである。そのためには，子どもが危険な状況に置かれているかどうかを正確に判断し，そのリスクの程度に応じて，適切な対処を講じる必要がある。

　しかし，児童虐待のリスクを正確に判断することはきわめて難しい。それには以下のようなさまざまな理由が考えられる。まず，リスクを判断するための十分な情報がない場合が多い。また，急を要する場合や職員のケースロード（受け持ちケース）が過剰である場合など，十分な時間が取れないことも多い。そして，そのような曖昧かつ多忙な状況で将来の事態を予測し，判断しなければならないことも大きな理由である。さらに，根本的な問題として，専門家とはいえども人間には自ずから認知的限界がある（Bartelink et al., 2017）。

　とはいえ，そのリスク判断がきわめて重要であることは，言を俟たない。リスク判断は，その後の対応のための指針となるものであるし，誤った判断は，さまざまなネガティブな結果へと結びついてしまう。た

とえば，実際よりもリスクが小さいと判断し，子どもを危険な状況に置いたままにしてしまえば，その子どもに大きな害がもたらされてしまうことにつながるかもしれない。一方，危険が大きいと判断して子どもを家庭から引き離してしまうと，親や家族全体に対して害が生じてしまうことがある。

　このため，これまで数多くの研究が，児童虐待と関連のあるリスクファクターを見出すことによって，リスクアセスメントの正確性を高めようとしてきた。まずは，これらの先行研究を概観することから始めたい。

　Stith ら（2009）は，過去に実施された 867 研究を検索し，メタアナリシスを行った。メタアナリシスとは，複数の研究を統計的に統合する研究手法である。そして，児童虐待に関連するリスクファクターを，①子どもの要因，②親の要因，③親子関係に関する要因，④家族関係に関する要因の四つのカテゴリーに分けて抽出した。その結果，児童虐待と特に大きな関連があることがわかったのは，以下の通りである。

　①子どもの要因：社会的能力の欠如，外在化行動
　②親の要因：怒り，過活動傾向，不安，抑うつ
　③親子関係：子どもを問題の種と見る傾向，望まない妊娠
　④家族関係：家族内の葛藤，家族の結びつきの弱さ

　その他，結果の概要を表 2-1 にまとめた。これを見ると，実に幅広いリスクファクターがあることがわかる。また，効果量を見ると，リスクファクターと虐待の関連の大きさがわかる。ここで用いられている r という効果量は，変数間の関連の大きさを示すもので，−1.0 から 1.0 までの値を取り，一般に 0.2 未満であるとほぼ関連なし，0.2-0.3 だと小さな関連，0.3-0.4 は中程度の関連，0.4 を超えると大きな関連があると考えられている。

　Stith ら（2009）は，このメタアナリシスの結果から，かつては親のパー

表 2-1　虐待のリスクファクター

リスクファクター	r 効果量	κ 研究数	N サンプル数
子どもの要因			
社会的能力	−0.26***	14	1,527
外在化行動	0.23***	31	2,874
性別	0.04	13	1,702
障害	0.01	4	325
年齢	−0.02	14	3,332
親の要因			
怒り・過活動傾向	0.34***	9	345
不安	0.29***	8	563
精神病理	0.28***	13	8,630
抑うつ	0.27***	14	8,258
自尊心	−0.24***	11	2,485
自身の親との関係	0.22***	11	2,997
自身の被虐待経験	0.21***	15	3,722
親子関係			
子どもを問題の種だとみる認知	0.30***	25	3,313
望まない妊娠	0.28***	2	1,490
良好な親子関係	−0.27***	32	1,624
体罰の使用	0.26***	7	703
家族関係			
家族内の葛藤	0.39***	5	170
家族の結びつき	−0.32***	5	183
配偶者間暴力	0.22***	5	773
実の親ではないこと	−0.03	3	302

（Stith et al., 2009 から一部改変して引用）　　***$p < 0.001$

表の見方：効果量とは，リスクファクターと虐待との関連の強さを表す統計量である。一般に，$r = 0.1$ 程度であれば小さな効果（関連），$r = 0.3$ で中程度，$r = 0.5$ で大きな効果とみる。効果量がマイナスのときは，負の関係があるということであり，リスクファクターではなく保護要因であると考えてよい。κ はこの効果量が計算されたもとになった研究の数であり，N はそれらの研究に参加したサンプルの数の合計である。

ソナリティや精神病理などに着目する傾向が強かったが，虐待のリスク
ファクターはもっと多様であり，多面的な視点から検討することの重要
性を強調している。また，かつては専門家の間でリスクファクターと考
えられていたものや，一般の人々には今でもリスクファクターであると
とらえられているもののうち，実際は虐待とはあまり関連がないものが
あることも見出している。

　たとえば，このメタアナリシスからは，子どもの年齢，子どもの有す
る障害，実の親でないこと，親の年収や教育程度などは，虐待のリスク
とは言えないことがわかる。さらに，虐待と一口に言っても，身体的虐
待，ネグレクト，性的虐待などによって，リスクファクターが必ずしも
同一ではないことにも注意する必要がある。

　わが国においては，このような包括的な研究は残念ながら皆無である。
実際，Stith ら（2009）のメタアナリシスに含まれた研究は 800 以上も
あるのに，日本でなされた研究は一つもない。

　ただし，このメタアナリシス以降では，わが国で行われた児童虐待の
リスクファクターとリスクアセスメントに関する優れた研究が一つだけ
ある。Horikawa ら（2016）は，滋賀県内の児童相談センターに係属し
た 716 件の児童虐待事例に関するデータを用いてコホート研究（追跡調
査）を実施した。その結果，児童虐待の再発に関する六つのリスクファ
クターを抽出した。それは，①子どもの年齢が低いこと（13 歳以下），
②親の年齢が若いこと（40 歳未満），③親に被虐待歴があること，④家
庭が貧困もしくは経済的に不安定であること，⑤子どもを見守る人が近
隣にいないこと，⑥通告元が公的機関であること，である。

　この 6 項目を用いて，リスクレベルを四つに分けたところ，最も低リ
スクのグループの虐待再発率は 11.7％であったのに対し，最も高リスク
グループでは 43.8％であった。この研究は，2017 年に発表された別の
新しいメタアナリシスには含まれている（van der Put et al., 2017／本研
究の詳細は後で紹介する）。

リスクアセスメントとは

　児童福祉の現場においては，研究で導き出された上述のようなリスクファクターが，一人ひとりの子どもやその養育者，家庭環境などにどれだけあてはまっているのかを正確に査定することが重要である。これをリスクアセスメントと呼ぶが，リスクアセスメントは，この分野で働く専門家の膨大な仕事の中でも，最も重要な仕事の一つであると言っても過言ではない（van der Put et al., 2017）。なぜなら，それはその後の対処やケアを決めるための，重要な根拠となるからである。そして，ケアの質は，こうした判断の質に依存することがわかっている（Ægisdóttir et al., 2006）。つまり，リスクアセスメントの正確さが，その後のケアの質や結果を左右するわけである。不正確なアセスメントは，取返しのつかない結果に結びついてしまうことを，専門家は肝に銘じておく必要がある（Munro, 2004）。

　専門家は，子どもや親，家族，学校，近隣，施設などから正しい情報を集め，その情報に基づいて現在および将来のリスクを判断し，実施すべき対処・介入を決定しなければならない。しかし，これが非常に困難な作業であることは，冒頭に述べた通りである。

　リスクアセスメントには，大きく分けて二つのアプローチがある。①臨床的アプローチと，②実証的アプローチである。

◉臨床的アプローチ

　臨床的アプローチにはいくつかの異なった方法がある。それは，専門家判断，構造化面接やコンセンサスに基づく臨床的ツールを用いたアセスメントなどである。これらは相互に重なり合う場合も多い（Bartelink et al., 2017）。

　専門家判断とは，専門家が子どもや親と面接をしたり，さまざまな情報収集をしたりしたうえで，専門家の臨床経験や知識の蓄積などに基づ

いてリスク判断をすることである。情報収集や判断には，多くの場合定められた形式や方法はなく，主観的な印象や直観的方法に頼ることが多い。また，しばしば投影法などの心理テストや箱庭やプレイルームでの行動観察などの技法が用いられることもあるが，それらの解釈もやはり臨床経験に基づいた主観的で直観的な要素が中心となる。

　このような臨床判断は，一人の専門家が行う場合もあるが，複数の専門家による合議で決められる場合もある。一人の場合では，見落としがあったり，大きなバイアスがかかっていたりする危険性があるため，複数の専門家が関わることでその危険性を回避しようとするのである。

　近年は構造化臨床面接という方法も開発されている。これは，面接の際に聞くべき質問をあらかじめ決めておき，それを定められた順番で質問するものである。しかし，最終的には臨床家の「高度な」判断にゆだねられる点は，臨床的アプローチと同じである（Bonta & Andrews, 2017）。また，質問項目を一覧表のようにしたものをあらかじめ準備する場合もある。しかし，それらの項目は，実証的，統計的に導き出されたものではなく，理論上または臨床上重要だと考えられる項目をできるだけ網羅的・包括的に拾い集めたものである。それらの項目は，多くの場合，専門家がコンセンサスに基づいて定めており，コンセンサスに基づく臨床的ツールと呼ばれている。そして，そのようなツールはほとんどの場合，妥当性や信頼性などに関する検証がなされていない（Bartelink et al., 2017）。

　わが国の厚生労働省（2017）が示した児童虐待の「共通リスクアセスメントツール」も，その一例である。きわめて網羅的な臨床的ツールであり，大項目だけで27問あり，その下に小項目がそれぞれ数問ずつあるため，全項目は100を超えている。さらに，妥当性や信頼性に関する情報もない。つまり，このツールを用いてリスクをアセスメントした場合，予測精度はどれだけあるのか（予測妥当性）という重要な情報がないし，いつ誰がアセスメントしても同じ結果になるという保証（信頼性）もない。

◉ 実証的アプローチ

　実証的アプローチとは，統計的アプローチ，保険数理的（actuarial）アプローチ，あるいはエビデンス・ベイスト・アプローチなどと呼ばれる。主として，研究によって得られたデータに基づきリスクファクターをチェックリストのような形式にして，それに子どもや親があてはまるかどうかを専門家が情報取集したうえでチェックする。そして，その結果を数値化して，リスクスコアを計算する。上述の構造化面接と一見類似しているが，大きな違いがある。それは，チェック項目は統計的に導き出されたもので，そのツールの信頼性や妥当性が検証されているということであり，その統計的な方法を**保険数理的アプローチ**と呼んでいる（Bartelink et al., 2017）。

　保険数理的アプローチというのは，聞き慣れない名称かもしれないが，保険もリスクを扱うという点では，児童福祉の現場と共通点がある。死亡，疾病，事故，傷害，災害リスクなどに備えてわれわれは保険に入るわけであるが，保険会社は保険金や保険料を算定するうえで，正確にリスクを見積もる必要がある。たとえば，自動車保険の場合，若年者や過去に事故を起こした人は保険料が高い。死亡保険であれば，高齢者や持病のある人，危険業務従事者などは保険料が高く，そもそも保険自体に入れなかったりする。なぜならば，これらの人々は事故のリスク，死亡のリスクが高いことが統計的にわかっているからである。保険会社はこうしたリスクを計算に入れて，保険料を算出したり，保険への加入の可否を判断したりするわけである。

　児童虐待のリスクについても同様に，統計的にリスクが高いかどうかを客観的かつ正確に判断するために，研究に基づくリスクファクターを十分に考慮に入れたうえでアセスメントをするのが，保険数理的アプローチである。さらに，リスクファクターの重要性，つまり虐待との関連の大きさを重みづけしてリスクスコアを算定する（Bartelink et al., 2017 ; D'Andrade et al., 2012）。

　エビデンス・ベイスト・アプローチと言われる所以は，それがリスクファクターを同定するための膨大な研究データに基づいて，虐待との関連の大きさを実証的に導き出しているからである。さらに，開発されたリスクアセスメント・ツールをそのまま何の検証もなく用いるのではなく，さまざまなデータによってその信頼性や妥当性が検討される。

　また，臨床的アプローチに比べると，ツールの項目数が比較的少ないのが特徴である。臨床的アプローチでは，関連する項目をつぶさに網羅的に拾い集めようとするため，しばしば項目数が膨大になりがちである。一方，保険数理的アプローチでは，一見虐待のリスクファクターであるように見えても，統計的に有意な関連がない項目は削除するため，項目の数が少なく絞られる傾向にある。たとえば，先に述べたように，厚生労働省の「共通リスクアセスメントツール」には 100 を超える項目があるのに比べ，Horikawa ら（2017）による保険数理的ツールは，わずか 6 項目しかない。他分野の保険数理的ツールを見ても，性犯罪者の再犯リスクをアセスメントする Static-99 は 10 項目，暴力のリスクアセスメントである VRAG（Quinsey et al., 1998）は 12 項目，新生児の死亡リスクをアセスメントするアプガースコアは 5 項目である（Apger, 1953）。これらは，項目が少数であるにもかかわらず，臨床的アプローチよりも，リスク予測の精度が格段に高いことが特徴である。

リスクアセスメントをめぐる論争

　臨床的アプローチと実証的アプローチをめぐっては，長い間の論争がある。この論争を指して「リスクアセスメント戦争」と呼ぶ研究者もいるほどである（Johnson, 2006 ; Morton, 2003）。

　古くは，Meehl（1954）が，その著『臨床判断 対 統計的予測』の中で，両者の優劣について詳細な検討を行い，次いで Holt（1958）がそれを批判し，論争になった。

　まず Meehl は，リスクアセスメントに関する 20 研究を見出し，その

リスク予測の正確さを検討した。そこに含まれたアセスメントには，仮釈放者の遵守事項違反，犯罪者の再犯リスクなどのリスクアセスメントだけでなく，大学新入生の成績予測，パイロット訓練の成績予測などが含まれていた。いずれも複雑な将来の出来事を予測するものである。結果，優れた予測をしたのは，一つを除いてすべてが統計的方法であった（Ægisdóttir et al., 2006）。Meehl（1986）は，この結果を受けて，リスク判断には統計的（実証的）手法を用いることを強く勧めている。

　一方 Holt は，Meehl が「高度な」臨床判断を軽視していると批判し，リスクファクターは統計ではなく，長い臨床経験を有し，トレーニングを受けた専門家のみが導き出せるものであり，質的なアセスメントこそが重要であると述べた。Meehl の結論には，ほかの臨床心理学者からも，「敵意と不信」に満ちた反応が怒涛のように寄せられたとのことで，そこでは「機械的」「人工的」「杓子定規」「事実無視」「こじつけ」「表面的」などという非難の言葉が踊ったという（Kahneman, 2011）。

　その後，リスクアセスメントに関する論文が数多く蓄積される中で，臨床的アプローチと実証的アプローチの比較が繰り返されているが，結果は一貫している。すなわち，実証的アプローチの「圧勝」である。

　たとえば，Grove と Meehl（1996）は，臨床判断と保険数理的アセスメントを比較した 100 を超える先行研究のメタアナリシスを行った。その結果，そこに含まれた研究のうちの 95％は，保険数理的ツールが臨床判断より優れているかまたは同等であることを示していた。

　Kahneman（2011）によれば，Meehl の書籍から半世紀の間に，臨床的アプローチと統計的アプローチを比較した研究は 200 以上あるが，60％が統計的アプローチのほうが優れていることを示しており，残りの40％は引き分けであったという。しかし，Kahneman（2011）は，「高度な」専門家を雇うより，統計を活用したほうが通常ははるかに安上がりであるから，残りの 40％も統計的方法に分があると述べている。つまり，費用対効果が優れているということだ。そして，「ともかくも，人間が勝ったという説得力のある結果は，ただの一つもなかった」と結論している。

　最も新しく，かつ信頼の置ける研究としては，van der Put ら（2017）のメタアナリシスがある。そこでは，これまで実施されたリスクアセスメント・ツールに関する研究を網羅的に検索し，327 研究を見出した後，質の高い優れた 30 研究に絞ってメタアナリシスを実施している。ここに先述の日本の研究（Horikawa et al., 2016）も含まれている。

　結果は，やはり保険数理的アプローチのほうが，有意に優れた予測妥当性を示していた。予測精度（予測妥当性）を示す統計量である AUC の値は，保険数理的アプローチが AUC＝0.704 であるのに対し，コンセンサスに基づく臨床的ツールが AUC＝0.681，専門家による臨床判断は AUC＝0.592 であった。この結果を受けて，著者は構造化されていない臨床判断は，誤った予測をする危険が大きく妥当性がないこと，透明性や信頼性にも欠けることから，保険数理的ツールを使うべきだと結論している。AUC とは，ここでは差しあたって，予測が当たる確率であると考えておけばよい（詳細は後述する）。

　構造化面接やコンセンサスに基づく臨床的ツールは，あらかじめ定められた質問項目を用いるという点で，一見保険数理的アセスメントツールと類似しているが，妥当性や信頼性は専門家による臨床判断と同程度であることを，このメタアナリシスは示している。このことを示す研究は，ほかにもいくつかある。

　たとえば，D'Andrade ら（2008）は，アメリカで用いられているワシントンリスクアセスメント・マトリックス（Washington Risk Assessment Matrix：WRAM）というコンセンサスに基づく臨床的ツールなど，6 種類のツールの予測妥当性を CRC（Children's Research Center）による保険数理的ツールと比較した。その結果，保険数理的ツールのほうが，有意に予測妥当性が高いことがわかった。

　臨床的アプローチやコンセンサスに基づく臨床的ツールの問題は，予測妥当性が低いことだけではない。アセスメントの結果が，評定者間で一致しないこともまた大きな問題である。つまり，信頼性の問題が大きいということである。

Bartelink ら（2017）は，オランダで広く用いられている LIRIK という
コンセンサスに基づく臨床アセスメントツールの妥当性と信頼性を検討
している。これは，オランダ青年研究所によって 2007 年に開発された
後，2014 年に改訂されたものである。子どもの置かれたリスクを査定
することを目的として，子ども，親，親子関係に関する項目を幅広く取
り入れ，リスクファクターだけでなく保護因子も含んでおり，全75 項
目から成る（やはり項目数が非常に多い）。

これを 36 人の児童福祉分野の専門家に実施してもらい，信頼性
に関しては評定者間の一致度を計算した。一致度を示す指標として，
Krippedorff の a 係数を用いているが，これは，0.6 でまずまずの一致，
0.8 だと良好，1.0 で完全一致と判断する。LIRIK の a 係数を計算した結
果，0.8 を超えたのがわずか 4 項目，0.6-0.8 が 5 項目しかなかった。つ
まり，「合格レベル」の一致度があったのが，75 項目中 9 項目しかなかっ
たという惨憺たる結果であった。一方，0.2 未満の項目が 22 項目，0.2-
0.4 が 30 項目もあった。「安全」という結論に関する評定者間一致度は，
LIRIK を用いた場合（36 人）では 0.48 しかなく，LIRIK を用いない専
門家判断（43 人）の 0.42 とほとんど差がなく，どちらも実用に足るも
のではなかった。また，予測妥当性も不十分で，臨床判断と大差がない
という結果だった。

このように，同じツールを用いて同じ子どものアセスメントをしても，
評定者によって結果がバラバラなのであれば，もはやそのツールを用い
るべきではない。このことは，同じようにして開発されたわが国の「共
通リスクアセスメントツール」についてもあてはまるだろう。

非行・犯罪分野のリスクアセスメント

リスクアセスメントに関する研究や実践が最も進んでいる分野の
一つが，非行・犯罪臨床の分野である（Ægisdóttir et al., 2006；Bonta &
Andrews, 2017；原田，2015b；2017；van der Put et al., 2016）。この分野の

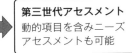

第一世代アセスメント	第二世代アセスメント	第三世代アセスメント
臨床家判断，投影法，コンセンサスによる判断	保険数理的方法（主として静的項目）	動的項目を含みニーズアセスメントも可能

第四世代アセスメント	第五世代アセスメント
ケースマネジメント機能を追加	生理学的リスクを追加？急性リスクファクターを追加？

図 2-1　犯罪臨床領域におけるリスクアセスメント・ツールの発展

リスクアセスメントは，主として非行・犯罪の再犯リスクを判定するものである。

　非行・犯罪心理学分野おけるリスクアセスメントの発展について，Bonta と Andrews（2017）は，第一世代から第四世代までに区切って概観しており，さらに第五世代のアセスメントの可能性についても言及している（図 2-1）。

　第一世代のリスクアセスメントは，臨床的アプローチに基づくものであり，これまで説明してきたように，専門家の臨床判断によってリスクを査定するものである。これは，面接や資料の読み込みなどを情報源として最終的に専門家が判断を下す。さらに，投影法などのアセスメントツールを用いる場合もある。

　第一世代のリスクアセスメントの予測精度（予測妥当性）は，AUC＝0.5 程度しかない（Bonta & Andrews, 2017）。これはごく簡単に言うと，「予測が 50％程度当たる」ということである。先述の通り，AUC という統計量は，予測妥当性を表すときによく用いられる指標である。AUC というのは，Area Under the Curve（曲線下面積）の頭文字であり，0.5-1.0 の値を取る。予測の精度を図にしたとき，図のようなグラフが得られたとする（図 2-2）。グラフ全体の面積を 1 としたとき，図の中の線 A の場合，線の下の面積は 0.5 で，線 B の場合は，0.7 である。この線のことを ROC（Receiver Operating Characteristic：受信者操作特性）

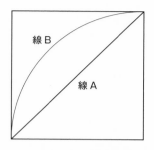

図 2-2　ROC 曲線と AUC

曲線と呼び，曲線下の面積が AUC である。虐待リスクの予測の場合では，AUC は，ランダムに選んだ実際に虐待を受けている子どもが，そうでない子どもよりも，「リスク大」のカテゴリーに正しく選別される確率のことを指す（Singh, 2013）。

　再犯リスク予測のアウトカム（予測の結果）は，再犯を「する／しない」の二つしかないのであるから，当てずっぽうを言っても 50％は当たる。つまり，専門家判断は，どれだけ経験のある専門家であっても，どれだけ「高度な」臨床判断を下したつもりでも，当てずっぽう程度の精度しかないということである。この結果を専門家は真摯に受けとめるべきである。

　第二世代のアセスメントは，保険数理的アプローチを用いた統計的アプローチである。これは，これまで述べてきた通り，研究によって見出されたリスクファクターを質問紙（チェックリスト）にして，統計的にリスク判定を行うものである。第二世代アセスメントの質問項目は，年齢や性別，過去の問題行動歴など主として変化しない項目であることが特徴で，これを静的（static）リスクファクターと呼んでいる。

　第二世代のアセスメントの予測精度は，AUC＝0.7-0.8 程度である（Bonta & Andrews, 2017）。たとえば，世界中で広く用いられている性犯罪者の再犯リスクアセスメント・ツールである前述の Static-99 は 10 項目から成る保険数理的アセスメントであるが，その予測精度は AUC＝

表 2-2　日本版 Static-99 の項目概要

項目	リスクファクター	スコア
1	若年（25 歳未満）	0-1
2	恋人との 2 年以上の同居歴なし	0-1
3	本件に重大な暴力犯罪	0-1
4	本件以外に暴力犯罪歴	0-1
5	性犯罪の前歴	0-3
6	有罪判決歴	0-1
7	接触を伴わない性犯罪の前歴	0-1
8	血縁のない被害者	0-1
9	顔なじみでない被害者	0-1
10	男性被害者	0-1

0.71 である（Hanson & Thornton, 2000）。わずか 10 項目の質問紙という簡便な方法で，専門家の「高度な」臨床判断による予測精度をはるかに凌いでいる。

　Static-99 は，日本語版も開発されており，その予測精度は AUC = 0.76 である（Harada, 2017；原田他，2018）（表 2-2）。Harada（2017）は，痴漢や盗撮などを犯した性犯罪者 167 名に日本語版 Static-99 を実施し，1 年間の再犯の有無を追跡した。リスクカテゴリーは，スコアによって低リスク，低・中リスク，中・高リスク，高リスクの 4 カテゴリーに分けられ，それぞれ 8 名，44 名，87 名，28 名であった。1 年後の再犯率は，低リスク者が 0％であったのに対し，低・中リスク 4.5％，中・高リスク 6.9％，高リスク 35.7％であり，高リスク者の再犯率が有意に高かった（図 2-3）このように，第二世代アセスメントは，比較的簡単なツールでリスクアセスメントができ，予測精度も飛躍的に上がっている。

　保険数理的アセスメントの利点は，正確なリスク判断ができるということにとどまらない。正確なリスク判断によって，資源の効果的な振り分けができるようになる。つまり，心理職やワーカーの労働力や支援に必要な資金などの「資源」は有限であり，それを効果的に割り振るうえで，リスクアセスメント・ツールが活用できるのである。Bonta

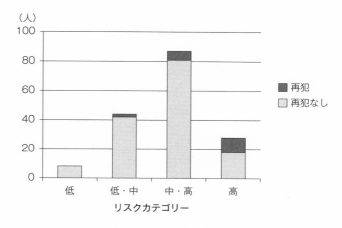

図 2-3　日本版 Static-99 によるリスクアセスメント

と Andrews（2017）は，リスクの大きさに応じて介入の強度や資源の振り分けを変えることの重要性を指摘しており，これをリスク原則と呼んでいる。つまり，低リスクであれば最小限の介入でよく，高リスク者には最大限の介入が必要となる。リスク原則を遵守した場合，再犯率は約30％程度抑制できるが，これを無視した場合（たとえば，全員に同じ介入をする，高リスク者に強度の小さい介入をする，逆に低リスク者に強度の大きい介入をする），わずかではあるが再犯率を上げてしまうこともわかっている（Bonta & Andrews, 2016）。

　第二世代の保険数理的アプローチには，欠点もある。それは，静的項目による査定のため，介入において何をターゲットにして変化をねらえばリスクが下がるか，つまり治療計画やケースマネジメントには情報を提供しないことである。具体的に言うと，Static-99 の項目には年齢，過去の非行・犯罪歴，被害者の特徴などが含まれるが，これは変えることができない静的変数なので，介入の目標とはなりえないということである。

　これを改善したのが第三世代アセスメントである。これは，静的項目だけでなく，変化する動的（dynamic）リスクファクターを加えてリ

表2-3　非行・犯罪のリスクファクター

リスクファクター	概要
静的リスクファクター	
過去の犯罪歴	少年非行や成人してからの犯罪歴がある
動的リスクファクター	
反社会的な交友	反社会的な友人がいる
反社会的な価値観	犯罪指向的な価値観や認知を有している
反社会的パーソナリティ	反社会性パーソナリティ障害やサイコパスなどの性格傾向
学校・仕事	学校からドロップアウトしている，無職である
家族の問題	家族関係が不良であり，家族内に葛藤がある
薬物使用	アルコールや薬物を乱用している
余暇の活用	建設的な余暇活用ができていない

スクアセスメントをするものである。非行・犯罪に関する主なリスクファクターの一覧を表2-3に挙げた。これらのリスクファクターを査定する質問紙として，処遇レベル尺度（Level of Service Inventory-Revised : LSI-R）がある（Andrews & Bonta, 1995）。LSI-Rは54項目から成り，そのAUCは0.71である。予測精度は第二世代ツールとほとんど変わらないが，動的項目が査定されるので，治療（処遇）のターゲットがわかり，治療によってそれが変化すればリスクスコアも下がるため，治療効果のアセスメントもできる。LSI-Rを参考にして，日本版の第三世代ツールも開発されており，現在少年鑑別所や刑務所などで用いられている（原田，2015b）。

　第四世代のアセスメントは，第三世代アセスメントにケースマネジメントに役立つ項目を付け加えたものであり，治療目標，それに適した介入方法，治療成果などを記入できるようになっている。それによって実務的便利さが高まっているが，項目内容や予測精度は大きく変わっていない。LSI-Rをもとにした第四世代ツールとして，LS/CMI（Level of Service/Case Management Inventory）がある（Andrews et al., 2004）。

　さらに，第五世代のアセスメントとして，神経生理学的リスクファク

ターや急性（acute）リスクファクターを付け加えることが検討されている。神経生理学的リスクファクターには，大脳皮質前頭前野の機能，大脳辺縁系（扁桃体，海馬，側坐核など）の構造や機能，自律神経系の覚醒度，テストステロンの血中濃度などが考えられる（Raine, 2013）。急性リスクファクターには，飲酒，パートナーとの喧嘩，被害者との遭遇などが考えられる。

　このように，非行・犯罪臨床では，北米を中心に第五世代のリスクアセスメントまでが検討されている段階であり，わが国でも第三世代のツールが主流となりつつあるが，児童福祉分野では，残念ながら第一世代が主流で，第二世代のアセスメントすら十分に普及しているとは言えない現状にある（van der Put et al., 2015）。

なぜ臨床的アプローチは間違うのか

　経験のある専門家がいくら知恵を絞って「高度な」臨床判断をしても，統計的アプローチに敵わないのはなぜだろうか。それは，人間の思考には系統的なエラーがあって，それは専門家といえど免れることができないからである（Bartelink et al., 2017 ; 原田，2015a）。

　かつては，人間の思考はおおむね合理的であり，特にその道の専門家による熟慮のうえでの思考や判断は，信頼が置けるものだと考えられていた。しかし，その考えこそがすでに誤りであり，人間の思考は従来考えられていたよりもずっと間違いが多いことが，近年の行動経済学をはじめとする研究によって明らかにされている（Kahneman, 2011 ; Tversky & Kahneman, 1974）。

◉バイアス

　そのような思考のエラーの代表的なものに**バイアス**がある。バイアスとは，人間の思考のエラーの中でも「特定の状況で繰り返し起きる系統的なエラー」（Kahneman, 2011）のことである。代表的なバイアスに，

ハロー効果，確証バイアス，後知恵バイアスなどがある。

ハロー効果とは，ある人物が有する優れた肩書，経歴，容姿，第一印象などに左右されて，その後の判断がゆがめられてしまうことを言う。裕福で身なりも整っており，肩書や経歴の素晴らしい親であれば，虐待の可能性を実際より低く見積もってしまうことがあるかもしれない。経験を積んだ専門家であれば，そんなことはありえないと思うかもしれないが，自信過剰はバイアスが生じる危険性を高める要因の一つである（Kahneman, 2011）。

確証バイアスとは，あらかじめ有していた自分の信念に合致している情報のみを受け入れ，そうでない情報を意図的または無意識的に無視する認知的傾向のことを言う。たとえば，「子どもを家庭に帰すべき」という信念を有していれば，危険な兆候が見られても，それを見逃してしまったり，見て見ぬふりをしてしまったりすることがある。言うまでもなく，これは重大な判断の誤りに結びつくおそれがある。

後知恵バイアスも代表的なバイアスの一つである。これは，実際に何かの出来事が起こってから，それに合わせて自分の考えを変えてしまうことを言う。たとえば，「子どもを家に帰す」という判断をした後に，家庭に大きな問題が生じた場合，「親が返してほしいと強く言うから家に帰すことにしたが，本当は帰すべきではないと思っていた」などと，都合よく考えを変えてしまうことである。このように後から都合よく自分の判断を変えてしまうと，そもそもの自分の思考や判断の誤りに気づかず，将来また同様の過ちを犯してしまうおそれがある。

◉ヒューリスティック

バイアスとならぶ代表的な思考のエラーに**ヒューリスティック**がある。これは，物事を判断する際に，手近な判断材料に頼って決断を下すことを指し，一種の「認知的手抜き」である。Kahneman（2011）は，これを「困難な質問に対して，適切ではあるが往々にして不完全な答を見つけるための単純な手続き」と定義している。効率的に判断できるという

長所がある反面，その判断は正確性を欠く危険性が大きい。

たとえば，最も身近なヒューリスティックは，**ステレオタイプ**である。Kahneman（2011）は，以下のような例を挙げて，その危険性を指摘している。

> 「スティーブはとても内気で引っ込み思案だ。いつも頼りにはなるが，基本的に他人には関心がなく，現実の世界にも興味がないらしい。もの静かでやさしく，秩序や整理整頓を好み，こまかいことにこだわる」。さてスティーブは図書館司書でしょうか，それとも農家の人でしょうか？

ステレオタイプに基づいて判断すると，多くの人はスティーブは図書館司書だと答えるだろう。この描写が，図書館司書のステレオタイプとぴったりと一致しているからである。しかし，Kahneman（2011）は，こうした情報と同じくらい重要性を持つ統計的事実を無視してはならないと警告する。それは，アメリカに農業従事者は図書館司書の 20 倍以上存在するという事実である。

物事を正確に判断するには，印象だけでなく，このような統計的事実を考慮することが必要不可欠であるが，往々にしてそれを「手抜き」してしまう。そして，間違った結論を導き出してしまう。上述の例で，われわれがこのほかに頼れる情報がないのであれば，「スティーブは農業従事者だ」と予測するほうが，「図書館司書だ」と予測するよりも，予測が当たる確率は 20 倍大きい。このほか，代表的なヒューリスティックとその具体例を表 2-4 に挙げた。

◉専門家の態度

このようなバイアスやヒューリスティックによる思考のエラーが，特に起きやすい条件がある。それは，複雑で曖昧な条件のもとで明確な判断を迫られるような場合である（Arad-Davidson & Benbenishty, 2008 ; Munro, 1999）。まさに，児童福祉分野の専門家が直面するさまざまな意

表2-4　主なヒューリスティック

ヒューリスティック	説　明	具体例
利用可能性ヒューリスティック	なじみのあるもの，すぐに得られる情報を根拠として判断する。	この親は十分反省しているから，もう虐待はしないだろう。
感情ヒューリスティック	好き嫌いなどの感情だけで判断してしまう。	子どもは生まれた家庭で育つべきだ。だから家に帰すのが最善だ。
代表性ヒューリスティック	ステレオタイプとの類似性だけに着目して判断する。	両親はどちらも教育程度が高くて裕福だから，虐待のリスクは小さいだろう。

思決定の場面がそれにあたる。

　子どもが置かれたリスクの判断は，直ちにイエス，ノーで判断できるような単純なものではない。そこには，子ども，親（養育者），家族，近隣，学校など，さまざまな状況が関連する複雑な要因が絡み合っている。しかし，一人の専門家が得られる情報には限界がある。さらに，ここで述べたような人間の認知的エラーという専門家側の限界もある（Bartelink et al., 2017）。

　専門家が陥りやすい認知的エラーに大きな影響を与えるものは，先に少し触れたが，専門家が従来抱いている価値観や態度である。これによって臨床判断が大きくゆがめられてしまうことがしばしば起こる。リスク判断において，正確に中立的に判断しているつもりでも，その判断は多くの場合，本人が自覚している以上に，従来抱いていた価値観や態度に大きく影響されることがわかっている。

　Arad-Davidson と Benbenishty（2008）は，子どもを家族から引き離すことに否定的な態度を有している専門家は，子どもを家に置いたままでの介入を強く支持する傾向があることを見出している。逆に，施設での保護に好意的な態度を有する専門家は，虐待リスクが高いという判断をしがちであることも見出されている。この両者が，子どもを家に置くか，

家族から離すかの決断を下す割合は有意な差があり，リスクアセスメントにおけるスコアにも有意差があった。この結果を受けて，著者は専門家が自分の価値観や態度が臨床判断に及ぼす影響を自覚することの重要性を強調している。

■ 統計的アプローチが優れているのはなぜか

人間が犯しやすい認知的エラーを克服するためのアプローチが，統計的アプローチにほかならない。統計的アプローチは，複雑な要因を膨大な研究によって分析し，実際に虐待のリスクとなるもの（リスクファクター）をリストアップする。さらに，従来はリスクファクターと思われていたが，実際はそうでないものについても教えてくれる。それを重要度に応じて重みづけし，バイアスやヒューリスティックを排除して，冷静かつ客観的に，子どもが置かれたリスクを提示してくれる。つまり，専門家側の系統的なエラーが入り込みにくいようになっている。このため，メタアナリシスの結果が明確に示したように，専門家による臨床判断よりも，統計的アプローチのほうがはるかに正確なリスクアセスメントができるのである。

先に統計的アプローチは，エビデンス・ベイスト・アプローチでもあると述べた。エビデンス・ベイスト・アプローチとは，われわれの臨床的な意思決定において，習慣，好み，直観などに頼るのではなく，科学的エビデンスを拠りどころとする臨床実践を言う（原田，2015a）。

しかし，よく誤解されるが，これは何も数字やデータだけを重視する非人間的な実践ではない。エビデンス・ベイスト・アプローチの提唱者である，Guyatt（1991）は，以下のように定義している。

臨床家にとって，エビデンスに基づく医療とは，文献検索の技能，批判的吟味力，情報統合力を要するものである。また，エビデンスを目の前の患者に適用可能かどうかを判断する能力や，もし直接的エビデンス

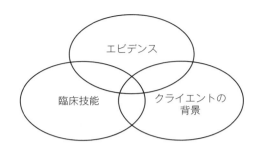

図 2-4　エビデンス・ベイスト・アプローチの 3 要素

が欠如しているときに決断をするにあたっての系統的アプローチも要求される。

また Sackett ら（2000）は，さらに簡潔に以下のように述べている。

Evidence-Based Medicine（EBM）とは，研究による最善のエビデンスと臨床的技能，および患者の価値観を統合するものである。

つまり，エビデンス・ベイスト・アプローチには，エビデンス，クライエントの背景，臨床技能という三つの重要な要素がある（図 2-4）。リスクアセスメントの場面に即してこれを考えると，次のようになるだろう。

①エビデンス
　研究で導かれたリスクファクターを信頼性・妥当性のあるリスクアセスメント・ツールを活用して検討する。
②クライエントの背景
　機械的にデータをあてはめるのではなく，個別具体的なクライエント（子ども，親，家族）の状況を勘案して判断するとともに，当事者の意見をよく聞く。

③臨床技能

専門家が有するべきアセスメントツールを使いこなす技能，クライエントの話を傾聴する技能，アセスメント結果をクライエントに伝える技能，アセスメント結果を介入方針につなげる技能など。

このように，統計的アプローチ，エビデンス・ベイスト・アプローチと一口に言っても，それは決して単純なものではないし，機械的で非人間的な方法ではない。

これまで①については十分に強調してきたので，ここからは②と③について述べたい。

◉ クライエントの背景

まず，②のクライエントの背景であるが，リスクアセスメントにおいて，これを決して無視したり軽視したりしてはならないことは言うまでもない。特に，介入の決定においては，当事者の意見をよく聞くことが大切であるし，「児童の権利条約」においては，子どもの意見表明権が保証されている（Arad-Davidzon & Benbenishty, 2008）。しかしその一方で，専門家には，それらに迎合したり，無制限に受け入れたりすることが求められているのではない。こうした意見を傾聴し尊重しながらも，彼らの置かれた背景の中で，子どもの安全を保障し，子どもと家族のウェルビーイングを最大にする決断をすることが専門家の重要な使命である。それを可能にするのが，③の臨床技能である。

◉ 臨床技能

相手の意見を傾聴することは，基本的なカウンセリング技能である。また，脅しや説得ではなく，相手を尊重しつつ，エビデンスに基づくアセスメントの結果とそれに基づく判断を伝えることも重要な臨床技能である。そのための具体的なコミュニケーション技能として，動機づけ面接がある。**動機づけ面接**とは，二つの矛盾した状況の中で身動きが取れ

なくなっているクライエントを，望ましい方向に動くことができるように動機づけるための臨床テクニックであり，数多くのエビデンスがある（Miller & Rollnick, 2013）。ここでその詳細を解説することはできないが，専門家であれば最低限身につけておくべき臨床技能であることは間違いない。

　また，統計的アプローチに対しては，ツールさえあれば誰でも簡単に機械的にリスクアセスメントできるという誤解がある。しかし，これは大きな間違いである。リスクアセスメント・ツールを使いこなすためには，それなりのトレーニングが必要である（Ægisdóttir et al., 2006）。それは，印象や直観などの思考のエラーに影響を受けず，できるだけ正確にツールを使えるようにするための訓練である。

　たとえば，Bonta ら（2001）が，司法臨床の場面でリスクアセスメント・ツールをどれだけ正確に使いこなすことができているか，保護観察官を対象に調査したところ，記録の 13％ に間違いが見つかった。その多くは単純なケアレスミスであったが，どんなに優れたツールがあっても，それを十分に使いこなせないのでは，正確なリスクアセスメントができないことは言うまでもない。逆に，保護観察官に十分な研修を実施し，理想的なアセスメントとそれに基づいたケースマネジメントを実施するように指導したところ，保護観察官の技能が向上しただけでなく，有意に再犯率が低下したというエビデンスがある（Luong & Wormith, 2011）。

　このように，エビデンス，クライエントの背景，そして専門家の臨床技能の交わるところに正確なリスクアセスメントや効果的な臨床が生まれるのである。

統計的アプローチが敬遠される理由

　このように，エビデンスを見ると統計的アプローチが臨床的アプローチに優っていることは明らかである。にもかかわらず，実際の臨床場面にはなかなか浸透していない，あるいは適切に活用されていないという

現実がある（Ægisdóttir et al., 2006）。それはなぜだろうか。いくつかの
理由が考えられる。

◉ 統計的アプローチへの不信感

第一は，エビデンス・ベイスト・アプローチに対する懐疑心や不信感
である。残念ながら心理臨床場面では，統計的なアプローチやエビデン
ス・ベイスト・アプローチは，非人間的である，機械的であるという誤
解が根強い（原田，2015a）。しかし，先述のように，エビデンス・ベイ
スト・アプローチは，そもそもその定義において，エビデンスとならん
でクライエントの背景やナラティブ（語り）も十分に考慮に入れること
が強調されている。エビデンス・ベイスト・アプローチが，データ偏重
の非人間的な方法であるというのは，初歩的な誤解である。

◉ 専門家のプライド

第二に，リスクアセスメント・ツールに頼ることは，自分の専門家
としてのプライドが許さないという思い込みや嫌悪感がある（Bonta
& Andrews, 2017）。たいていのリスクアセスメント・ツールは，1枚の
チェックリストであることが多い。これは，実務上の便宜を考慮しての
ことだが，そのためにかえって「紙切れ1枚」と軽視されてしまうジレ
ンマが起こってしまう。

しかし，見かけ上は「紙切れ1枚」かもしれないが，その背後には膨
大な研究の積み重ねがあることを忘れてはならない。本章の冒頭に挙
げたStithら（2009）による児童虐待のメタアナリシスを見ても，これ
は過去40年間にわたる800を超える研究をもとに導かれたものである。
このようにして得られたリスクファクターは，バイアスが最も小さく，
これらをつぶさにチェックするリスクアセスメント・ツールは，手軽に
ヒューリスティックからわれわれを守ってくれる武器となる。何十年に
もわたる真摯な研究の積み重ねを軽視し，自分の専門性のほうに重きを
置く態度は，傲慢というものである。臨床においては，「人間はたとえ

専門家であっても間違うものである」という謙虚な前提に立つことを忘れてはならない。

　世界中でベストセラーとなった『ファクトフルネス』（Rosling, 2018）は，われわれが事実（ファクト）に基づかないで，思い込みで世界を理解してしまうことに鋭い警告を発する書籍であるが，その中にこのような一節がある。

　　「子どもにトンカチを持たせると，なんでもくぎに見える」ということわざがある。
　　貴重な専門知識を持っていたら，それを使いたくなるのはあたりまえだ。（中略）専門知識が邪魔をすると，実際に効果のある解決法が見えなくなる。その知識が問題解決の一部に役立つことはあっても，すべての問題が彼らの専門知識で解決できるわけはない，さまざまな角度から世界を見たほうがいい。

　つまり，自らの専門知識や臨床経験だけに頼っている専門家は，トンカチを振り回す子どものようなものである。専門知識が「高度な道具」であると思い込んでいるかもしれないが，実は単純なトンカチかもしれず，どんな場面でもそれを振りかざすことは危険きわまりない。
　Rosling（2018）は，解決策として，このように述べている。

　　単純化本能を抑えるには，なんでもトンカチで叩くのではなく，さまざまな道具の入った工具箱を準備したほうがいい。

　つまり，リスクアセスメントにおいては，このような「工具箱」こそが，リスクアセスメント・ツールにほかならない。

◉ 新たな知識の軽視

　第三に，専門家がそもそもエビデンスを知らない，論文を読んでいな

いという事実が挙げられる（Ægisdóttir et al., 2006）。これは，上に挙げた二つの理由とも重なるものであるが，エビデンス・ベイスト・アプローチを軽視し，自分の専門家としてのプライドが大きすぎる者は，進んで研修を受けたり，論文を読んだりしない傾向にある。残念ながら，経験を積んだ専門家ほどその傾向が大きく，新たなことを学ぶことに消極的で，そのために自分のアプローチがすでに時代遅れになっていることに気づかない（Rousseau & Gunia, 2016）。研修を受けたり，論文を読んだりしなくても，自分はすでに豊富な臨床経験があり，そこから多くを学んでいると自負しているからだ。

これが大きな勘違いであることを示すエビデンスがある。Arad-Davidson と Benbenishty（2008）は，ソーシャルワークを学ぶ学生，経験の浅いソーシャルワーカー，経験豊富なソーシャルワーカーのリスクアセスメントの正確さを比較した。それぞれに，同じ短いストーリーをいくつか提示し，リスクの大きさを判定してもらった。その結果，ストーリーの中にネグレクトや虐待の兆候を読み取る力は，3群にほとんど有意差がなく，学生が最も優れている場合すらあった。また，Choudhryら（2005）のメタアナリシスによれば，医師の経験年数が長いほど，ケアの質が下がることが見出されているし，心理臨床においても正しいアセスメントは経験年数とは関連がないことが示されている（Clement, 2013）。

エビデンスの力を借りなければ，どれほど臨床経験を積んでいても人間の持つ認知的限界には対抗することができないことを，経験の浅い者はもちろんであるが，豊富な経験を有するベテランこそ深く自覚する必要がある。

◉ 個別性への過度な拘泥

第四に，専門家がこれまで受けてきた教育や理論的方向性が，統計やエビデンスに頼ることを邪魔しているということが考えられる（Ægisdóttir et al., 2006）。多くの専門家は，これまで対人関係能力や対人

的敏感さ，臨床的洞察や直観の重要性を大学や大学院で叩き込まれてきた。また，集団にあてはまる統計的データよりも，目の前の個別具体的なクライエントの質的データやナラティブを重視することの大切さを刷り込まれてきた。その一方で，エビデンス・ベイスト・アプローチは，比較的新しい動きであるし，先述のような初歩的な誤解のため，自ら受けてきた教育とは真っ向から対立するものだと考えてしまうのである。

これは不幸なことと言うほかない。何度も強調したように，エビデンス・ベイスト・アプローチは，クライエントの個別性やナラティブを否定するものではなく，すでにその定義に中にナラティブの重要性が織り込まれている。そして，臨床的アプローチが統計的アプローチに劣ることは，エビデンスが示す通りである。それがどれだけ自分の信念や臨床経験に反するものであっても，膨大な科学的研究の結果を根拠なく，単なる好悪の感情だけで退けることは，これまた不遜な態度であると言うほかない。

また，エビデンス・ベイスト・アプローチは，たしかに集団にあてはまる「ビッグ・データ」であるが，それはそのまま目の前の一人のクライエントにもあてはまることが，統計的に担保されたデータである。もちろん，あてはまらない例外もあるかもしれない。たとえば，リスクアセスメント・ツールによる判断では，「高リスク」であるが，その後実際に虐待は生じなかった，あるいはその逆のようなケースも現実には起こりうる。現時点で，100％の予測精度を誇るツールはないからだ。しかし，だからといって科学的成果である統計的アプローチを放棄して，より頼りにならない臨床的アプローチに頼るというのは，まったく非合理的な態度である（原田，2015a）。

保険数理的アプローチに対する反感や反論には，このほかにも多種多様なものがある。共通しているのは，いずれもそれに感情が絡んでいることである（Kahneman, 2011）。Bonta と Andrews（2017）は，これらの反論を「アセスメント破壊テクニック」と名づけて分類し，順に再反論している。それをまとめたのが表 2-5 である。

表 2-5 「アセスメント破壊テクニック」：
保険数理的リスクアセスメントへの反論

反論	真実
保険数理的アプローチだけでなく，臨床的アプローチも大切なので，両方を使う。	決断がなされた時点で，二つのアプローチが一致していないのならば，どちらかを採用しなければならず，両方を使うことはできない。
そのリスクファクターやそれをもとにしたアセスメントツールは，別のサンプルをもとに開発されたものであり，私のサンプルにはあてはまらない。	双方のサンプルには少々の統計的な違いがあるかもしれないが，問題となるのは，それが特別なサンプルであるときのみである。データに基づく予測を専門家判断によって覆せば，その予測精度は損なわれる。
一人の専門家としての私に，研究結果はあてはまらない。	何百人もの専門家を対象にした何百もの研究をもとに，専門家の予測は保険数理的ツールよりも劣っていることが示されている。あなたが他の専門家よりも優れていると考える理由はない。
新たなツールを使うのは，お金がかかりすぎる。	たしかにそうかもしれないが，会議に費やす時間，虐待の危険を同定できずに子どもに危険が及ぶことなどをどう考えるか。
私は行動を変えたいのであって，単に予測したいのではない。	行動を変えることが目標であるなら，結果が生じる危険性を知っておく必要がある。予測によって，行動を変えるためにどのような介入をすべきかを判断できる。
予測は集団のデータに基づいたものである。私が取り扱っているのは，一人の個人である。	この世の中は，確率によって導かれるものである。その個人が準拠する集団に類似しており，そこに明白な違いがないのであれば，データを無視するのは愚かなことである。もし医者が，あなたに似たケースの手術の成功率は 90％ですと言ったならば，それを無視するだろうか。
重要なデータは測定できないものだ。人間を数字に還元することはできない。	記録できるものは何でもコード化できる。また，合理的かつ実証的であることは，クライエントに対して冷淡で何の感情も抱かないということを意味するのではない。

Bonta & Andrews, 2017 をもとに作成

いずれにしろ，統計的アプローチへの反感は，ほとんどが感情や印象に基づくもので（Kahnemen, 2011），冷静かつ謙虚にエビデンスを見れば，どちらを用いるべきかははっきりしている。合理的な根拠を欠いた感情論ゆえに予測精度が高いツールを用いず，自らの臨床判断や予測精度の低いツールを使い続けることは，つまるところ，子どもの危険を見過ごしてしまうことにつながる非倫理的な臨床態度であると言わざるをえない。

リスクアセスメント・ツールの精度

本章の最後に，リスクアセスメント・ツールの精度を理解するために，それに関する統計的な事項を簡単に説明したい。

◉ 陽性と陰性

一般に，リスクアセスメントを含め，診断（アセスメント）は，当然ながら正しい予測となることもあれば，間違った予測となることもある。今のところ，どのようなアセスメントにおいても，残念ながら結果を100％正確に予測できる方法はない。

リスクアセスメントの結果が正しいか，あるいは間違いかに関して，以下の4通りが考えられる。

1. 真陽性：リスクあり（＋）と判断し，実際に虐待が起こった（＋）
2. 真陰性：リスクなし（−）と判断し，実際に虐待は起きなかった（−）
3. 偽陽性：リスクあり（＋）と判断したが，実際には虐待は起きなかった（−）
4. 偽陰性：リスクなし（−）と判断したが，実際に虐待が起こった（＋）

これを表にすると，表2-6のような2×2の表ができる。言うまでもなく，1と2が正しいアセスメントで，3と4が間違ったアセスメント

表2-6　予測と結果の4パターン

予測＼結果	虐待あり	虐待なし
虐待リスク大	1 真陽性	3 偽陽性
虐待リスク小	4 偽陰性	2 真陰性

である。正しいアセスメントにも間違ったアセスメントにも，それぞれ2種類ずつあることがわかる。

　別の例で言えば，健康診断で「がんのおそれあり」と診断されたが，実際にはがんではなかった（偽陽性），インフルエンザの簡易検査で「インフルエンザでない」と診断されたが，高熱が下がらないので再度検査を受けると罹患していたことがわかった（偽陰性）など，ほかのさまざまな診断でも同様の4パターンが起こりうる。

　診断においては，真陽性と真陰性の割合をできるだけ高くし，偽陽性と偽陰性の割合を低く抑えることが重要になってくる。とはいえ，間違いの割合をゼロにはできないことは先述の通りである。したがって，どの程度なら許容できるかについてあらかじめ判断したうえで，アセスメントツールのカットオフスコアを決めることになる。カットオフスコアとは，「何点以上が高リスク（陽性）」などと決める際の線引きとなる得点のことを言う。

　児童虐待に関して一番害が大きいのは，偽陰性の場合であろう（D'Andrade et al., 2008 ; van der Put et al., 2016）。つまり，「虐待リスクは低い（陰性）とアセスメントして，そのまま子どもを家庭に置いて抜本的な介入をしなかったが，実際に虐待が生じてしまった」というケースである。

　児童福祉法では，児童虐待のおそれがあることを知ったとき，国民すべてに通告義務があり，厚生労働省や児童相談所は，少しでもおそれ

があると思ったらためらわずに通告してほしいと述べている。これは，少々の偽陽性を容認し，できるだけ偽陰性（見過ごしてしまうこと）を小さくしようという態度の表れであると言える。

　いずれにしろ，保険数理的ツールでは，正しい判断を最大にして，誤った判断を最小化するように，そしてどこまでなら誤りが許容できるかなどを判断しながら，カットオフスコアが決められる。

◉ 基準率

　アセスメントにおいて，非常に重要であるがしばしば無視されるのが**基準率**（base rate）である（Kahneman, 2011）。基準率とは，自然な状態でその出来事が生起する一般的な出現率のことを言う。たとえば，わが国における児童虐待の基準率とは，子どもを持つ家庭における虐待の発生率のことである。ある疾患の発症の基準率とは，社会におけるその疾患の罹患率のことである。

　ヒューリスティックの説明のところで，代表的なヒューリスティックとしてステレオタイプを挙げたが，ステレオタイプはいつも間違うとは限らない。たとえば，「男性は女性よりも暴力的である」「都会の人は田舎の人よりも他人に無関心である」などは，たいていの場合，当たっている。これは基準率が大きい事象について述べているからである。そもそも自然に起こりやすいことに関しては，まぐれ当たりの確率が高くなる。

　ヒューリスティックが間違いやすいのは，基準率が小さい事象に関して，それを無視してしまったときである。Kahneman（2011）の例を借りて，それを少し変えたうえでこれを説明したい。

　東京の地下鉄の車内で英字新聞を読んでいる人を見かけたとすると，あなたは下の二つの選択肢のうち，どちらがより可能性が高いと判断するだろうか。

1. この人は博士号を持っている
2. この人は大学を出ていない

　「英字新聞を読むくらいだから，博士号を持っているかもしれない」というのはステレオタイプである。冷静に考えてみると，世の中には博士号を持っている人よりも，大学を出ていない人のほうが圧倒的に多い。その人に関する情報が「英字新聞を読んでいる」ことしかないのだから，確率的に当たる可能性が高いのは，「2. この人は大学を出ていない」である。この場合，博士号を持っている人の割合，大学を出ていない人の割合が基準率である。世の中で，博士号を持っている人の基準率は非常に低い。基準率を無視すれば，往々にしてこのような間違いを犯す。先に，「図書館司書か，農業従事者か」を予測したスティーブの例も基準率の重要さを教えてくれる。

　児童虐待に話を戻すと，世の中全体で見ると，児童虐待がいくら増加しているとはいえ，まだまだ生起する確率が非常に小さい現象である。つまり，基準率が低い。子どもを持つ100人の親がいて，特定の親子に児童虐待が起こるかどうかを判断するとき，当てずっぽうでも「起こらない」と予測すれば，おそらくその予測はたいてい当たる。しかし，このとき逆に「起こる」という判断をして，それを的中させることは非常に難しい。児童虐待のリスクアセスメントは，基準率が非常に低い出来事を予測するという難しい作業をしているわけである（Munro, 2004）。

　ツールの予測精度を表す指標は，このように基準率を考慮しないと，正確な予測精度を表すことができない。たとえば，世の中全体の親を対象にして，当てずっぽうに「虐待は起こらない」と判断した場合，その予測精度はほぼほぼ100％となり「当てずっぽうは非常に正確なツールである」という奇妙な結果になってしまう。基準率を無視しているからである。このように，単純に予測が「当たった」「外れた」という確率だけでは，正確に予測精度を示していることにはならない。

　予測精度を表す指標は，基準率などの他の統計的指標の影響を受けな

いものでなければならないが，先に説明した AUC は，この点をクリアした優れた指標である（Singh, 2013）。そのため，多くの研究において，予測精度を表すために用いられている。

　保険数理的リスクアセスメント・ツールにおいて用いられる統計的事項を簡単に紹介したが，これだけ見ても，人間の認知的限界を補うために多くの考慮がなされていることがわかる。それは，単純な臨床的判断に頼っている人々が，往々にして無視したり，端から考えてもみなかったことが多く含まれているだろう。

今後のリスクアセスメントのために

　もちろん，保険数理的リスクアセスメントも完璧ではない。どんなに統計を駆使しても予測は外れることがあり，判断を誤ることがある。したがって，保険数理的アプローチも「専門家判断による判断の修正」の余地を残している。つまり，ツールで導き出されたリスクスコアを機械的にあてはめるのではなく，クライエントの背景や価値観，意見などを十分に傾聴して，最終的な判断を下すのは，専門家であることには変わりない。

　しかし，同時にこのような「専門家判断による修正」には，慎重かつ謙虚であることも求められる。せっかく保険数理的アプローチを用いたのに，片っ端から専門家が「高度な臨床判断」によってその結果を覆していたのでは，ツールを用いる意味がなくなってしまう。

　厚生労働省が示した「共通リスクアセスメントツール」は，保険数理的ツールではなく，臨床的判断に基づくツールであるが，それでも厚生労働省は「子ども虐待対応の手引き」において，以下のように明確に述べている（強調引用者）。

　　保護の要否判断については，担当児童福祉司個人の判断であってはならず，所内会議等を通じた機関決定は無論のこと，外部との連携も含め，

できる限り客観的で合理的な判断をしなければならない。そのためには，系統的かつ専門的な情報収集と情報整理，そして情報評価が必要である。

　具体的には，判断の客観性，的確性を高めるため，あらかじめ用意されたリスク度判定のための客観的尺度（リスクアセスメント基準）に照らし合わせて緊急介入の必要性や緊急保護の要否判断等を行うことにより，対応の遅れや判断の躊躇等を防止し，児童福祉の専門機関としての客観的な判断を定着させなければならない。

　しかし，それに対して大阪府の児童相談所は，独自で作成したリスクアセスメント・ツールを用いる際の手引きに，「リスクアセスメントの指標の数に頼りすぎないこと」との注釈を付している。これは，まさに「アセスメント破壊テクニック」である。注釈を付けるならば，「リスクアセスメントの指標の数を軽視しないこと」，そして「根拠の薄弱な臨床判断を控えること」とすべきではないだろうか。

　児童虐待は増加の一途をたどっており，児童相談所をはじめ，児童福祉に係る機関は多忙をきわめている。政府は，児童福祉司の増員を決めたが，どれだけ増えてもやはり人間一人ひとりの力には限界がある。しかし，ニュートンが述べたように，過去の研究の蓄積を活用することは，「巨人の肩の上に立つ」のと同じで，われわれの限界を超えた大きな視野と力を与えてくれる。

　子どもの福祉に携わる専門家は，悲惨な事件を繰り返さないために，子どもを守るためのエビデンスを今以上に活用すれば，千人，万人の巨人になることができる。何よりも，エビデンスはクライエントのためにあるのであり，エビデンス・ベイスト・アプローチこそが倫理的な臨床だということを忘れてはならない。

文　献

Ægisdottir S et al.（2006）The meta-analysis of clinical judgment project : Fifty-six years of accumulated research on clinical versus statistical prediction. *Counseling Psychologist,* 34（3）; 341-382.

Andrews DA & Bonta J（1995）*The Level of Service Inventory-Revised.* Multi-Health Systems.

Andrews DA, Bonta J & Wormith S（2004）*The Level of Service/Case Management Inventory (LSI/ CMI) : User's manual.* Multi-Health Systems.

Apgar V（1953）A proposal for a new method of evaluation of the newborn infant. *Current Researches in Anesthesia & Analgesia,* 32（4）; 260-267.

Arad-Davidzon B & Benbenishty R（2008）The role of workers' attitudes and parent and child wishes in child protection workers' assessments and recommendation regarding removal and reunification. *Children and Youth Services Review,* 30（1）; 107-121.

Bartelink C, de Kwaadsteniet L, ten Berge IJ & Witteman CLM（2017）Is It Safe? Reliability and Validity of Structured Versus Unstructured Child Safety Judgments. *Child Youth Care Forum,* 46, 745-768.

Bonta J & Andrews DA（2017）*The Psychology of Criminal Conduct (6th ed.) .* Routledge.（原田隆之訳（2018）犯罪行動の心理学．北大路書房）

Choudhry NK, Flecher RH & Soumerai SB（2005）Systematic review : The relationship between clinical experience and quality of health care. *Annals of Internal Medicine,* 142（4）; 260-273.

Clement P（2013）Practice-based evidence : 45 years of psychotherapy's effectiveness in a private practice. *America Journal of Psychotherapy,* 67 ; 23-46.

D'Andrade A, Austin MJ & Benton A（2008）Risk and safety assessment in child welfare : Instrument comparisons. *Journal of Evidence-Based Social Work,* 5（1-2）; 31-56.

Davidson-Arad B & Benbenishty R（2016）Child welfare attitudes, Risk assessments and intervention recommendations : The role of professional expertise. *British Journal of Social Work,* 46（1）; 186-203.

Grove WM & Meehl PE（1996）Comparative efficiency of informal（subjective, impressionistic）and formal（mechanical, algorithmic）prediction procedures : The clinical statistical controversy. *Psychology, Public Policy, and Law,* 2（2）; 293-323.

Guyatt GH（1991）Evidence-Based Medicine. *American College of Physicians Journal Club,* March/April : A-16.

Hanson RK & Thornton D（2000）Improving risk assessments for sex offenders : A comparison of three actuarial scales. *Law and Human Behavior,* 24（1）; 119-136.

原田隆之（2015a）入門 犯罪心理学．ちくま書房．

原田隆之（2015b）心理職のためのエビデンス・ベイスト・プラクティス入門：エビデンスを「まなぶ」「つくる」「つかう」．金剛出版．

原田隆之（2017）エビデンスに基づくアディクション臨床：その現在と未来．こころの科学，195；97-103.

Harada T（2017）The effectiveness of community-based cognitive-behavioral therapy for sexual addiction. PhD Thesis. The University of Tokyo.

原田隆之・野村和孝・嶋田洋徳（2018）性犯罪者リスクアセスメントツールの開発．犯罪心理学研究，56；16-17.

Holt RR（1958）Clinical and statistical prediction : A reformulation and some new data. *Journal of Abnormal and Social Psychology,* 56（1）; 1-12.

Horikawa H, Suguimoto SP, Musumari PM, Techasrivichien T, Ono-Kihara M & Kihara M（2016）Development of a prediction model for child maltreatment recurrence in Japan : A historical cohort study using data from a Child Guidance Center. *Child Abuse & Neglect,* 59 ; 55-65.

Johnson W（2006）The risk assessment wars : A commentary : Response to "Evaluating the effectiveness of actuarial risk assessment models" by Donald Baumann, J. Randolph Law, Janess Sheets, Grant Reid & J. Christopher Graham, Children and Youth Services Review, 27, pp.465-490. *Children and Youth Services Review,* 28（6）; 704-714.

Kahneman D（2011）*Thinking, fast and slow.* Farrar, Straus and Giroux.

Luong D & Wormith JS（2011）Applying risk/need assessment to probation practice and its impact on the recidivism of young offenders. *Criminal Justice and Behavior,* 38 ; 1177-1199.

Meehl PE（1954）*Clinical Versus Statistical Prediction : A theoretical analysis and a review of the evidence.* University of Minnesota Press.

Meehl PE（1986）Causes and effects of my disturbing little book. *Journal of Personality Assessment,* 50（3）; 370-375.

Miller WR & Rollnick S（2013）*Motivational Interviewing : Preparing people for change (3rd ed.) .* Guilford Press.

Munro E（1999）Common errors of reasoning in child protection work. *Child Abuse & Neglect,* 23（8）; 745-758.

Munro E（2004）A simpler way to understand the results of risk assessment instruments. *Children and Youth Services Review,* 26（9）; 873-883.

Quinsey VL, Harris GT, Rice ME & Cormier CA（1998）*Violent offenders : Appraising and managing risk*（The Law and public policy : Psychology and the social sciences series）. American Psychological Association.

Raine A（2013）*The Anatomy of Violence : The biological roots of crime.* Pantheon.（高橋洋訳（2015）暴力の解剖学：神経犯罪学への招待．紀伊國屋書店）

Rosling, H, Rosling O & Rosling Ronnlund A（2018）*Factfulness : Ten reasons we're wrong about the world-and why things are better than you think.* Sceptre.（上杉周作・関美和訳（2019）FACTFULNESS（ファクトフルネス）：10の思い込みを乗り越え，データを基に世

界を正しく見る習慣. 日本 BP 社.

Rousseau DM & Gunia BC（2016）Evidence-based practice : The psychology of EBP implementation. *Annual Review of Psychology,* 67 ; 667-692.

Sackett DL, Straus SE, Richardson WS, Rosenberg W & Haynes RB（2000）*Evidence-based medicine : how to practice and teach EBM (2nd ed.)*. Churchill Livingstone.

Singh JP（2013）Predictive validity performance indicators in violence risk assessment : A methodological primer. *Behavioral Sciences and the Law,* 31（1）; 8-22.

Stith SM, Liu T, Davies LC, Boykin EL, Alder MC, Harris JM, Som A, McPherson M & Dees JEMEG（2009）Risk factors in child maltreatment : A meta-analytic review of the literature. *Aggression and Violent Behavior,* 14（1）; 13-29.

Tversky A & Kahneman D（1974）Judgment under uncertainty : Heuristics and biases. *Science,* 27, 185（4157）; 1124-1131.

van der Put CE, Assink M & Boekhout van Solinge NF（2017）Predicting child maltreatment : A meta-analysis of the predictive validity of risk assessment instruments. *Child Abuse & Neglect,* 73 ; 71-88.

van der Put CE, Assink M & Stams GJJM（2016a）Predicting relapse of problematic child-rearing situations. *Children and Youth Services Review,* 61 ; 288-295.

van der Put CE, Assink M & Stams GJJM（2016b）The effectiveness of risk assessment methods : Commentary on "Deciding on child maltreatment : A literature review on methods that improve decision-making". *Child Abuse & Neglect,* 59 ; 128-129.

第3章 児童虐待への介入

虐待の通告を受け，児童相談所は何を判断しどう動くのか。なぜ再発防止が重要なのか。一時保護を解除して子どもを家庭に戻すために有効な介入とは————

堀口康太

　第3章では，児童相談所が児童虐待にどのように対応しているのかを紹介し，児童虐待対応において必要なアセスメントの方法，児童虐待の予防や再発防止に効果的な介入について整理していく。

児童相談所において必要なアセスメントと有効な介入

　児童相談所が家庭で生活している子どもやその保護者に行うアセスメントや介入の全体像は，図3-1のように示すことができる。児童相談所は，児童虐待の通告を受け付けて，虐待として受理することによって介入を開始する。虐待の緊急度や重症度が高い場合はすぐに一時保護となる場合もあるが，多くの場合，虐待通告受理後に子どもやその保護者を対象とした家庭訪問や子どもが通学する学校を対象とした情報収集などの調査を行い，第1章で紹介した児童相談所における各種の診断を経て，援助方針が決められる。

　具体的には，学校で教職員に子どもの普段の様子を観察してもらったり，児童相談所の家庭訪問により家庭での生活を確認したりしながら，虐待の再発がないかをモニタリングし，再発が予想されたり，実際に虐待が再発してしまった場合は，児童相談所の判断により，保護者と子どもを分離するための一時保護を行うことになる。

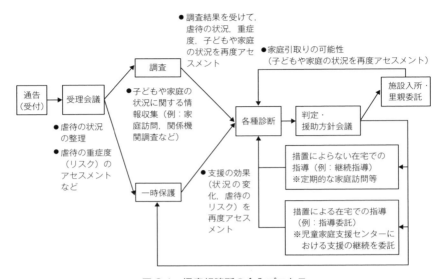

図 3-1　児童相談所の介入プロセス
（児童相談所運営指針及び加藤（2001）をもとに作成）

　本章では，児童相談所の介入のプロセスについて，特に虐待が発生して一時保護が行われ，家庭に復帰するまでのプロセスについて，架空事例（A子の事例）を使って紹介しながら，児童相談所における児童虐待の対応に必要なアセスメントや有効な介入について整理していく。

　なお，児童福祉の現場では，「介入」と「支援」は相反するものと理解されていることがある。「介入」とは，「子どもと保護者を強制的に分離して，一時保護を行う」場合のように，法的な権限（一時保護は児童福祉法33条に規定）を用いた対応のことで，「支援」とは，「子どもや保護者からの相談を受けて家庭訪問を行ったり，カウンセリングを行う」ような権限によらない対応のことである，という理解である。

　しかし，一時保護などの法的権限を用いた対応も，家庭訪問やカウンセリングなどのいわゆる支援的な関わりも，児童虐待を解決するための「積極的な働きかけ」として整理でき，必ずしも相反するものではない。

それゆえ，本章における「介入」は法的権限を用いた対応と支援的な
関わりの両方を含んでいる。

A子の事例①　通告受理

　児童館の職員からの通告。「X小学校に通っている3年生の女
児（A子／9歳）の様子が気になる。最近になって，児童館を友
人と一緒に利用し始めた児童だが，たまに衣服が臭うことがあ
る。『お母さんがご飯を作ってくれないときがある』と話したこ
ともあった。母親の話は出るが，父親の話は出ない。4歳くら
いの弟がいるようだが，その他のことはよくわからない。見て
いるとかわいそうなのでどうしたらよいかと思って連絡した」

　この連絡を受けて児童相談所は，**受理会議**を行い，ネグレクトとして
通告を受理した。その後，A子の**安全確認**と関係機関の調査を行うこと
とした。

　このように，虐待への介入は通告から始まる。児童相談所は通告がな
いと児童虐待の発生を知ることができない。それゆえ，児童虐待への介
入にとって，通告は最も重要な行為であると言ってよい。受理会議では，
現時点での「虐待の重症度に基づく緊急対応の必要性」をアセスメント
し，緊急に一時保護が必要な状況かどうか，あるいは家庭で生活したま
までの介入が可能かを見極めることになる。

　一時保護が必要かどうかを判断するにあたって，厚生労働省はアセ
スメントシートおよびフローチャートを作成しており（「子ども虐待対
応の手引き」厚生労働省，2014），児童相談所の判断のガイドラインと
なっている。

　その中では，「当事者（子ども）が保護を求めている」，「当事者（子
ども）の訴えが差し迫っている」，「（訴えの如何に関わらず）すでに重

大な結果（例：性的虐待，外傷を伴う身体的虐待，栄養失調や医療放棄などのネグレクト）がある」という三つの場合においては，緊急一時保護の検討が必要とされている。また，乳幼児の場合，生命に危険な行為（例：首絞め）や性行為に至らない性的虐待があり，それが繰り返される可能性がある場合にも，再発する前に一時保護を検討する必要性が挙げられている。このガイドラインに照らして，通告の内容から緊急度，重症度が高いと判断される場合には，子どもの緊急一時保護が検討され，実際に行われる。

　一時保護の必要性はないが，家庭での生活において何らかの介入が必要と判断された場合は，まず子どもの安全確認と関係機関の調査が行われる。子どもの安全確認は，通告受理後48時間以内に行う必要がある。そのために児童相談所は学校や保育園などに登校・登園状況，普段の様子を確認し，家庭の状況を把握するための情報収集をしたり，直接家庭訪問に向かい，安全確認と世帯の状況を把握するための情報収集を行う。こうした家庭訪問は原則複数名体制で実施される。なお，児童相談所によっては，初期調査（初動担当）専任の職員を配置している場合もある。

　こうしたプロセスを通して，その子どもや家庭にどのような介入が必要かを検討していくのである。次に受理会議後の介入プロセスについて見ていこう。

再発防止の重要性

A子の事例②　調査から各種診断，判定会議

　児童相談所の初動担当が学校に調査を行った結果，A子は毎日登校しており，担任や友人関係は良いが，学習に支援が必要であるため，授業中に学習の理解を助けるためのボランティアの支援員によって個別に対応していることがわかった。

　世帯は実父母と4歳の弟の4人家族であるが，実父（32歳）

の収入が安定しておらず，実母（30歳）は数年前からうつ病で働けていないため，就学援助制度を利用して，学用品や学校給食にかかる費用の補助を受けていることがわかった。弟が4歳であることから，市区町村の母子保健担当に弟の乳幼児健診の受診状況を聞いたところ，いずれの健診も受診しており，保護者や子どもの様子にも子どもの発達にも気になるところはなかったとのことであった。

　また，保育園担当にも調査を行ったところ，弟はY保育園に在籍があることがわかった。Y保育園の調査では，弟も衣服が汚く明らかに洗濯されていないとわかるときがあるという。毎日，母親が送迎をしているが，送迎が遅れるときもある。また，送迎の際に母親は，保育士に「周囲に相談できる人がいない」とか「自分の親から叩かれて育ったから親との折り合いが悪い」と話すこともあり，その都度担任や園長が話を聞いていることもわかった。

　以上の調査結果をもとに，児童相談所内で判定会議を行った。A子は，X小学校に毎日登校しており，弟もY保育園に毎日登園している。現状では，児童館，学校および保育園での継続的な見守りが可能であることから，一時保護などの緊急対応ではなく，Z市とも要対協（要保護児童対策協議会）の実務者会議で情報共有を行い，状況を継続的にモニタリングしていくこととした。

　しかし，会議の2カ月後，今度は学校から，A子が「言うことを聞かないと言われてお母さんに叩かれた」と頬に手の跡が残る傷をつけて登校してきたという連絡があった。

　調査から**判定会議**までのリスクアセスメントでは，「次に重大な結果が起こる可能性はあるか。どの程度の介入が必要か」という視点が必要

である。第1章で紹介した近年の児童福祉法の改正などによって，児童相談所は重症度の高い事例を担当することが多くなってきている。重症度の高い事例とは，先に挙げた「頭や顔に傷が残っており，重度の身体的虐待を受けている可能性がある」ような事例のことである。

　A子の事例のように，「家庭生活でのネグレクトはあるが，学校に登校しており，一定程度支援がなされている」事例は，重症度で整理すると軽度から中等度としてアセスメントされる。そのため，A子の事例のように，毎日，学校や保育園での状況把握ができる場合には，児童相談所は学校や保育園に見守りを依頼したり，市区町村の児童家庭相談を担当する部署に情報提供を行い，継続的な家庭訪問や児童相談所での相談面接などの介入を行わない場合もある。

　しかし，重症度によって対応を分ける考え方はわかりやすい一方で，結果的に「その時点で本当に必要な介入がなされない」というリスクも生じさせる。A子の事例は架空事例ではあるが，児童相談所が児童館，学校および保育園での継続的な見守りが可能であることから，家庭訪問や児童相談所内で子どもや保護者を対象とした面接を行わなかったことによって，虐待が再発してしまったという事例は現実にも存在するだろう。

　児童相談所は虐待通告のあった時点の重症度の高低だけではなく，先に挙げた「次に重大な結果が起こる可能性はあるか，どの程度の介入が必要か」という視点で介入を検討する必要がある。リスクアセスメントの結果，虐待が再発する可能性があるのであれば，児童相談所が家庭訪問などの直接的な介入を検討したり，要対協による検討を通して，市区町村や児童家庭支援センターに家庭訪問などの介入を積極的に依頼したりすることが必要である。

　虐待の再発は極力避けるべきである。その理由は二つ挙げられる。一つ目の理由は，最初の通告を受けた時点で児童相談所が適切に介入していたら，防げたかもしれない子どもへの虐待を許してしまったということを意味するからである。防げたかもしれない虐待が続いてしまい，子どもへの虐待の被害が累積することは，子どもの将来的な抑うつなど，

長期的な健康被害にもつながる可能性がある（Arata et al., 2005 ; Norman et al., 2012）。児童虐待による子どもへの悪影響を極力なくすためにも，虐待の再発は防ぐ必要がある。

　二つ目の理由は，関係機関との連携が円滑に回らなくなる可能性があるからである。虐待の再発という事態を，通告した関係機関は，「前回の通告に，児童相談所は対応しなかった」などと解釈してもおかしくない。このように，虐待の再発は児童相談所と通告元である関係機関との連携を阻害する可能性がある。実際のところ，小学校と中学校の教師を対象とした質問紙調査において，通告以後の課題として，小学校では8％程度，中学校では14％程度の教師が「児相の対応が遅い」と回答している（蓮尾ら，2012）。

　以下では，虐待の再発を防ぐために，A子のような事例に対応する際に児童相談所がどのようなところに着目してアセスメントを行えばよいかを整理したい。

◉ 虐待の再発を予防するために必要なアセスメントの視点とは

　第2章でも紹介したが，Horikawaら（2016）は，わが国の児童相談所の実践を通して虐待の再発を防ぐためのアセスメントの視点に着目した研究を行った。この研究は，1996年4月から2011年3月までの間に滋賀県中央子ども家庭相談センターで通告受理し，1年間以上のモニタリングが可能であった3,585ケースのうち，それ以前に通告歴のない身体的虐待，心理的虐待，ネグレクトの事例で，かつ緊急一時保護を実施しておらず，支援サービスを受けていない716ケースを対象として，1年以内の虐待（つまり虐待の再発）があったかどうかをフォローアップした。そして，虐待の再発を予測するリスクファクターを検討した。

　716ケースのうち虐待の再発のあったのは177ケース（24.7％）であり，虐待の再発を予測していたのは，①子どもの年齢が低年齢（9歳から13歳）であること，②保護者の年齢が40歳未満であること，③保護者に被虐待歴があること，④経済的不安定，貧困の家庭であること，⑤

地域に子どもを見守る人がいないこと，⑥通告元が公的機関であることの六つの要因であった。

　海外においては，Van der Put ら（2016）が虐待の再発を予測する要因を検討している。2011 年から 2013 年にオランダの児童福祉の専門機関（Dutch Child Welfare Agency：CWA）で虐待の発生が把握された家庭のうち，不適切な養育状況が再発し，児童虐待への介入が再開された 3,963 の家族を対象にして，CLCS（Check List of Child Safety）というアセスメントツールを活用して保険数理的な観点から虐待の再発を予測した。

　CLCS は，現在の不適切な養育の疑い（safety assessment）と将来の不適切な養育の可能性（risk assessment）の二側面から構成されている。前者は，現在の子どもの安全が保護者，子ども自身，他の家族のメンバーによって脅かされていないかという観点から構成され，後者は，保護者の特性（例：保護者自身に被虐待歴がないか），子どもの特性（例：望まれない妊娠かどうか）といったリスクファクターと，インフォーマルなサポートネットワークがあるなどの保護者，子ども，家族の有する保護要因から構成されている。

　この研究において，全体的な再発率は 12.7％（507 家族）であり，虐待の再発を予測する要因は，①リスクファクターの合計数，②保護者が暴力的であること（過去に暴力行為を行ったことがある），③家族内葛藤と DV があること，④保護者に知的障害があること，⑤保護者自身に被虐待歴があること，⑥子どもが 1 歳未満であることの六つであり，保護要因の存在は再発と関連が認められなかった。

　両方の研究で認められた虐待の再発のリスクファクターをまとめると，表 3-1 のようになる。

　A 子の事例は，Horikawa ら（2016）で報告された虐待の再発を予測する要因のうち，「⑤地域に子どもを見守る人がいない」以外の五つがあてはまる。一方現場では，児童相談所の職員は，子どもや保護者の年齢の詳細，通告元といった情報は虐待再発のリスクとしてはとらえていない傾向があり，むしろ，保護者が援助に対して拒否的であること，保護

表 3-1　虐待再発のリスクファクターのまとめ

	リスクファクター
Horikawa et al.（2016）	① 子どもの年齢が 9 歳から 13 歳である ② 保護者の年齢が 40 歳未満である ③ 保護者に被虐待歴がある ④ 経済的不安定，貧困の家庭である ⑤ 地域に子どもを見守る人がいない ⑥ 通告元が公的機関である
Van der Put et al.（2016）	① リスクファクターの合計数 ② 保護者が暴力的である ③ 家族内葛藤と DV がある ④ 保護者に知的障害がある ⑤ 保護者自身に被虐待歴がある ⑥ 子どもが 1 歳未満である

者が精神障害に罹患していること，そしてきょうだいへのネグレクト傾向があることを虐待再発のリスクであるととらえがちである。そして，それらは実際，共通リスクアセスメントツールにも反映されている。

　しかし，Horikawa ら（2016）の研究では，児童相談所に協力する意思の有無や保護者の精神障害，きょうだいへの虐待の有無は，虐待の再発を予測する要因ではなかった。またオランダの研究では，家族がフォーマル，インフォーマルなネットワークを有していても，虐待の再発を防ぐ要因にはなっていなかった（Van der Put et al., 2016）。このことから，子どもが学校や保育園に通っており，見守られていることを過大視してはならないということがわかり，第 2 章でも強調されているように，「現場感覚」のリスク評価は必ずしも虐待の再発を予測していないということが言える。

　子どもに悪影響を与えないためにも，そして関係機関との連携を円滑に行っていくためにも，虐待の再発を防ぐために児童相談所は，保護者に被虐待歴がないか，子どもの年齢は低くないかなど，これらの研究で

報告されたリスクファクターの存在を，適切なアセスメントツールを活用したうえで総合的に検討して，「何が虐待の再発のリスクファクターとなるのか」，「虐待の再発を防ぐ保護要因は何か」を正確に把握して，虐待の再発のリスクがある場合には，それを防ぐために迅速に適切な介入をする必要がある。

◉ 虐待の再発を予防するために有効な介入とは

　では，虐待の再発を予防するためにどのような介入が有効であると言えるだろうか。Van der Put ら（2018）は，児童虐待，不適切な養育に効果的な介入の要素について，121の研究を用いてメタアナリシスを行った。虐待を防止する，あるいは減らすといった予防的な段階において，比較的大きな効果のあった介入は，①認知行動療法，②家庭訪問，③ペアレントトレーニング，④薬物依存の保護者をターゲットにした介入，⑤システム論的アプローチ（家族および社会システム全体への介入），⑥いくつかの介入方法の組み合わせであった。

　①の認知行動療法とは，虐待をしてしまうなどの不適切な行動の改善を図るために，考え方や価値観などの認知の特徴を知り，それを適切な行動につながる認知に修正することを試みたり，楽しめる活動をする，生活リズムを整えるといった方法（行動活性化）を用いた心理学的な介入方法の一つである。③のペアレントトレーニングとは，いくつかの手法に分かれてはいるものの，一般に保護者が子どもの特性を理解し，子どものポジティブな面に着目したり，してほしくない行動にはあえて注目しないなどの方法を通して，子育ての具体的な方法を身につけていくプログラムのことである。他は特定の理論や技法を活用しているというよりは，複数の理論や技法によってつくられているものであると言える。

　この他にも，Mikton と Butchart（2009）は，26のレビュー論文をレビューした結果，虐待発生のリスクを低下させる介入として，①早期の家庭訪問，②保護者への教育，③性的虐待の発生を予防するプログラムが有効であることを報告している。

表 3-2　児童虐待の予防において効果的な介入のまとめ

	効果的な介入
Van der Put et al. (2018)	① 認知行動療法 ② 家庭訪問 ③ ペアレントトレーニング ④ 薬物依存の保護者をターゲットにした介入 ⑤ システム論的アプローチ ⑥ いくつかの介入方法の組み合わせ
Mikton & Butchart（2009）	① 早期の家庭訪問 ② 保護者への教育 ③ 性的虐待の発生を予防するプログラム

　両方の研究によって報告された効果的な介入をまとめると表 3-2 のようになる。

　認知行動療法，家庭訪問，ペアレントトレーニングといった介入の効果は，ⓐ養育のスキルを向上させていること，ⓑソーシャルサポートの要素が含まれていること，ⓒ保護者の養育への自信を促進していることによると報告されている（Van der Put et al., 2018）。つまり，児童虐待に効果的な介入とは，授乳や入浴の方法，子どもが泣いても落ち着いて対応できるなど子育てに関するスキルが身につけられるように支援したり（ⓐの要素），実際に一緒に子育てを手伝ったり，子育ての苦労をねぎらったり（ⓑの要素），保護者が自信を持って子育てに取り組めるように後押ししたり（ⓒの要素）といった要素がそろっている介入であると言える。

　家庭訪問はわが国における児童虐待の予防を目的とした基本的な介入方法として位置づけられるが，そこにはまさに上で挙げた要素がそろっていると言える。なぜならば児童虐待への介入を目的とした家庭訪問においては，児童相談所の児童福祉司や児童心理司だけではなく，市区町村の児童福祉の専門職，保健師など，さまざまな専門職が保護者の子育てに関する相談を受け，保護者に助言したり，スキルを伝達したり，子

育てに必要な情報提供を行ったりして，保護者のニーズに応じた多様な支援を提供しているからである。

　だからといって，ただ家庭訪問をすれば虐待が予防できるわけではない。以上で挙げたような児童虐待の予防に効果的な要素が含まれている家庭訪問が必要になる。わが国の**新生児訪問**及び**乳児家庭全戸訪問事業**を対象とした研究（Fujiwara et al., 2012）では，訪問の有無によって，養育のストレスや社会への信頼，安心感に変化は見られなかった。新生児訪問とは，保健師や助産師が出生後 1〜2 カ月の子どもがいる家庭を対象に新生児の発育，栄養などの相談を受ける支援のことである。乳児家庭全戸訪問事業（「こんにちは赤ちゃん訪問」とも呼ばれる）は，訪問スタッフが生後 4 カ月までの乳児のいるすべての家庭を訪問し，育児に関する相談を受けたり，子育て支援に関する情報提供を行う支援のことである。いずれも基本的に家庭訪問は 1 回で終わることが多い。

　これらの家庭訪問において，養育のストレスや社会への信頼，安心感に変化が見られなかった理由の一つは，おそらく 1 回程度の家庭訪問では，先に挙げたような有効な介入に含まれる要素を提供することが難しかったことが挙げられるだろう。

　したがって，特に児童虐待の予防においては，家庭訪問をして子どもや保護者の状況を把握するだけではなく，Van der Put ら（2018）で報告された虐待の予防にとって効果的な要素を十分に含んだ家庭訪問となるように心がけることが必要であると言える。そのためには，複数回にわたり継続的な家庭訪問を積み重ねていくことが必要であろう。

　ちなみに，わが国において研究によって体系的に効果が検証されている介入方法としては，「Triple P」というペアレントトレーニングがある（Fujiwara et al., 2011）。Fujiwara ら（2011）は，2007 年から 2008 年の間，川崎市の 3 歳児健診を受診した保護者を対象に，8 週間 8 回のセッションから構成されるペアレントトレーニングを行った。実際にペアレントトレーニングを受けた介入群とペアレントトレーニングを受けなかった対照群を比較した結果，介入群においては非機能的な養育態度や抑うつ，

子育ての困難さ，子育てのストレスが介入前と比較して低くなっていた。

　わが国では，認知行動療法や薬物依存の保護者をターゲットにした介入，システム論的アプローチといった介入方法を活用して，児童虐待の予防に効果があるかを体系的に検討した研究はないようである。今後は，効果的な介入方法を検討するための研究を積み重ねていくことが必要であろう。

一時保護前後のアセスメントと介入

A子の事例③　一時保護から家庭引取りの検討まで

　顔に傷が残るほどの虐待が再発したことを受けて，児童相談所で再通告の受理会議を行い，児童相談所はA子の緊急一時保護を検討した。児童相談所の職員が学校に出向き，学校でA子に聞き取りをしたところ，「家には帰りたくない」という話があったため，A子を学校からそのまま児童相談所の一時保護所に移動することとした。

　一時保護所でA子の安全を確保したのち，児童相談所の職員が児童相談所で母親と面接を行った。面接では，一時保護の経緯などの説明を行ったが，母親は「あの子が言うことを聞かなかったから仕方なく叩いたんじゃない。それを何も誘拐みたいにして勝手に連れて行くなんて……」と涙ながらに話した。対応した児童相談所の職員は，「どんなときに言うことを聞かないんですか？」など，保護者の話を一つひとつ聴き取りながら，子育ての悩みや困っていることを明らかにしていった。そして，「A子ちゃんのためにどんなことが必要か一緒に考えていきましょう」と投げかけ，保護者から一時保護について同意を得て，児童相談所は，母親とA子の子育てについて相談していく関係を作っていった。

　A子の一時保護中には，担当の児童福祉司は父親，母親の両方との面接を繰り返し，家族を取り巻く環境に関するアセスメントを行い，父親，母親とA子の面会を調整した。担当の児童心理司は，一時保護中のA子と個別の相談面接，プレイセラピー，発達検査などを実施して，A子の知的発達レベルや行動上の特徴に関するアセスメントを行った。一時保護所の担当児童指導員は，一時保護所におけるA子の行動上の特徴のアセスメントを行った。

　一時保護後，1カ月半が経過した段階で，担当者による会議を行い，各担当者はそれぞれのアセスメントの結果を共有し，A子と家庭にとって必要な支援方針を検討した。母親は児童相談所の職員との面接で「私も叩かれて育ってきたから，どうしたらよいかわからなかった。もっと子育てに助けがほしかったのかもしれません」と話し，父親，母親とA子の面会においても，「叩いたりしてしまってごめんね」とA子に伝えるなどの変化が見られた。そうしたことから，児童相談所の継続的な面接などの支援に加えて，学校での継続的な見守りや市区町村の家庭訪問などの支援があれば在宅での生活が可能であると考えられたため，学校やZ市の担当者と個別支援会議を開き方針を共有した。そして，A子にも意向を確認し，児童相談所の会議において，一時保護解除，家庭引取りの方向性で検討を行った。

　一時保護はその名の通り，一時的な対応である。児童相談所運営指針で規定された一時保護期間は，原則2カ月間である。必要に応じて一時保護期間は延長できるものの，児童相談所の担当者は一時保護中に子どもや家庭の状況について，第1章で紹介した社会診断，心理診断，行動診断，医学診断などを用いて短期間で集中的なアセスメントを行い，一時保護期間が終わった後の子どもの援助方針を作成する必要がある。

　一時保護期間が終わった後の子どもの援助方針は，大きく分ければ家庭引取りになるか，施設入所や里親委託となるかのいずれかとなる。それゆえ，一時保護の段階においては，「家庭引取りは可能なのか，あるいは施設入所や里親委託が必要なのか」，「仮に家庭引取りになったときに虐待が再発したり，重症化するリスクはないか，虐待の再発を防止するためにどんな介入が必要か」といった視点でアセスメントを行う必要がある。

◉一時保護後の対応において必要なアセスメント

　では，一時保護解除後，虐待が再発してしまうリスクにはどのようなものがあるだろうか。児童福祉司を対象とした質問紙調査から，一時保護解除後の虐待の再発のリスクファクターについて検討した研究（Ohashi et al., 2018）では，対象とした759ケースのうち，76ケース（10.0％）において15カ月以内に虐待の再発が認められた。DV，薬物濫用，保護者の精神障害という三つの保護者に関する要因が虐待の再発を予測するか検討したところ，それぞれが統計的に有意であり，かつそれが累積することで再発のリスクが上昇することが示された。つまり，一時保護解除の判断をする際には，保護者や家庭の機能が十分かどうかを正確にアセスメントする必要がある。

　厚生労働省（2008）は，虐待をする保護者を援助するためのガイドラインの中で，家庭復帰の適否のためのチェックリストを公表した。このチェックリストは，施設に入所した後，比較的長い親子分離の期間を経た後の家庭復帰を想定している。しかし，一時保護からの家庭引取りの際にも参考になると考えられるため，具体的なポイントを紹介する（表3-3）。

　第1章で紹介したように，2020年4月施行の法改正によって，一時保護解除後の家庭環境の調整や子どもの状況の把握および安全の確保が児童相談所の機能として規定された。児童相談所の担当者は，一時保護解除前，そして解除後も継続的に，研究成果やチェックリストを参考に

表 3-3　家庭復帰の適否のためのチェックリスト

厚生労働省（2008）をもとに作成

① 交流状況（良好な経過か）
② 施設などの判断（家庭引取りの適切性について）
③ 子どもが家庭復帰を望んでいる
④ 子どもの保護者への思い，愛着（安定した自然な接触か）
⑤ 子どもの健康・発育状況（順調な成長発達）
⑥ 子どもの対人関係，情緒の安定（集団適応，保護者との関係の安定）
⑦ 子どものリスク回避能力（再発などの際に相談できる）
⑧ 保護者の引取り希望
⑨ 保護者が虐待の事実を認めている
⑩ 保護者が子どもの立場に立った見方ができている
⑪ 保護者が衝動をコントロールできている
⑫ 保護者が精神的に安定している
⑬ 保護者が適切な養育ができる
⑭ 保護者が関係機関と良好な相談関係を持てている
⑮ 地域や近隣において必要なときに援助が得られる
⑯ 親族から必要なときに援助が得られる
⑰ 生活基盤が安定している
⑱ 家庭内に子どもの心理的居場所がある
⑲ 地域の公的機関による支援体制が確保されている
⑳ 地域に支援の中心となる機関があり，連携している

して，包括的な視点から虐待再発のリスクについて十分にアセスメントを行い，リスクが認められた場合，それを低減するために有効な介入を行う必要がある。

◉ 一時保護後の対応において有効な介入とは

　では，一時保護期間中，あるいは一時保護が終わり，子どもが家庭引取りになった時点において，虐待の再発を防止するためにはどのような介入が有効であろうか。

　一時保護が必要になったということは，基本的には保護者に対して治

療的な介入を行う段階にあると考えられる。先の Van der Put ら（2018）は、治療的介入としては、①ペアレントトレーニング、②システム論的アプローチ、③認知行動療法が効果的であり、有効な介入に含まれている要素としては、ⓐ保護者の養育のスキルを向上させること、ⓑソーシャルサポートの提供の二つが統計的に有意であったことを報告していた。

　したがって、虐待の再発を防止する治療的な段階においては、一時保護中、あるいは子どもが家庭引取りとなった後に、子どもが言うことを聞かなくても、落ち着いて対応できるようにするといった子育てに関するスキルの向上の支援や、子育てを手伝ったり、子育ての苦労をねぎらったりするといったソーシャルサポートの提供を集中的なプログラムや心理学的な介入を通して行う必要があると言える。

　実際に、Solomon ら（2016）は、アメリカの児童保護機関（Child Protective Service：CPS）における 154 のケースファイルを分析対象とした研究において、保護者や子どもを対象とした心理学的介入が虐待の頻度を減少させることを報告している。加えて、Skowron と Reinemann（2005）も、不適切な養育に対する心理学的な介入の効果を検討した結果、心理学的な介入を行った群は、対照群と比較して不適切な養育の状況に改善が見られたことを報告している。

　以上のようなプログラムについては、たとえば、わが国ではさいたま市が**サインズ・オブ・セーフティ・アプローチ**（SoS）と呼ばれる組織的な学習と実践を行っている（菱川，2013）。SoS とは、ソーシャルワークの考え方に基づく支援の方法であり、保護者と子どもが子どもにとって安全な生活を主体的に作っていくことを目的としている。SoS においては、保護者や子どもに対応する専門家が、保護者の子育てにおける心配事や家族の強みについて、共に確認しながら問題の解決を図っていく。わが国においては、こうした専門的なプログラムを組織的に行っている児童相談所が増えてきている。今後は、専門的なプログラムの効果を検証していくことが課題である。

児童虐待を適切に判断し介入するために

◉研究成果が専門職にもたらすもの

　児童福祉領域においては，職種の専門性の違いに関わらず，子どもや保護者，それらを取り巻く環境に関する適切なアセスメントに基づいた有効な介入を行うことが重要である。

　しかし，児童福祉に携わる専門職は，ともすれば研究結果に裏打ちされたリスクファクターに基づいたアセスメントや，科学的エビデンスに基づく有効な介入について，実践の中で考えることを疎かにしてきた側面がないとは言えない。

　児童相談所や市区町村などで働く多くの職員が，虐待の被害を受けている子どもや，繰り返し虐待通告のある保護者に対して，真摯に向き合い，対応していることは紛れもない事実である。そんな日々の実践において，研究結果を有効に活用することをプラスすることで，得られることは少なくないはずである。

　分野は異なるが，データ活用の有効性に関して，ここでヤクルトスワローズ，東北楽天ゴールデンイーグルスなどで監督を歴任した野村克也監督の経験を例に挙げたい（野村，2005）。

　野村監督は捕手初の3冠王を獲得し，通算本塁打数は歴代第2位であるなど，現役時代は球界屈指の強打者だった。しかし，南海ホークス時代，変化球に対応できず苦しんだ時期があった。何を投げてくるかわかれば対応できると考えていたときに出会ったのが『テッド・ウィリアムスのバッティングの科学』という本の一節だった。そこから投手の癖を読み取り配球パターンの分析を始めたことで，変化球を克服し，打者として大成した。後に監督として「この投手はこのカウントなら，こう攻めてくる可能性が高い」，「打者のタイプを大まかに分類して，対応策を

検討する」,「どんな打者でも打つのが難しい投球の原点（外角低めへの
ストレート）がある」といったデータを活用した ID（Import Data）野
球を実践するようになった。

　野村監督の経験から専門職が学ぶべきことは二つある。第一に，研究
成果の活用はパフォーマンスの精度を上げるということである。もちろ
ん野村監督も，すべての打席でヒットが打てるようになったわけではな
い。しかし，データを活用したことで，打率が3割程度まで上昇し，本
塁打数も増加した。それによって，彼は球界屈指の打者となることがで
きた。児童虐待の対応では成功率が3割では困るわけだが，児童虐待の
リスクや介入に関するデータ（研究成果）を活用することは，虐待の再
発を予防することにつながると考えられる。

　第二に，実践に根拠を求めるということである。野村監督は，「なぜ
そのカウントでその打者に対して，その球種・コースに投げたんだ」と
投手や捕手に問い，それを言語化することを求めた。つまり，一つひと
つのプレーの根拠となるデータは何かを頭に入れてプレーすることを徹
底したのである。これは，児童虐待の対応においても重要なことであ
る。「なぜその状況で一時保護という支援方針を取るのか」,「今のタイ
ミングで家庭訪問をした理由は何か」。こうした対応の一つひとつに対
し，その対応の根拠を研究成果に求め，自分が行った対応の根拠を説明
できることがきわめて重要である。

　もちろん，研究成果を活用するには，専門職としての力量を向上させ
ることも重要である。いくら「このカウントではストレートが来る」と
わかっていても，時速150km のストレートを打ち返せるバッティング
の技術がなければ，データを活用することはできない。研究成果を活用
して，児童虐待に対して効果的な介入を行うためには，日頃の研さんに
よって，相談面接の力量を向上させること，法律や制度への理解を深め
ることなど，専門職としての基本的な態度・知識を身につけることも必
要である。

◉ 専門職の自己覚知・自己理解の必要性

　専門職としての態度・知識の中で，最も基本的なこととして挙げられるのは，専門職である自分自身を知ることである。自分を知ることは，ソーシャルワークの分野では**自己覚知**として重視されるし，カウンセリング・心理療法の分野でもカウンセラーの**自己理解**の重要性が取り上げられている（金沢，2007）。

　なぜ，自分を知ることが必要かというと，児童虐待に関する意思決定は，まさにこの「自分」に左右される可能性があるからである。自己覚知の水準は図3-2のように大まかに三つに整理することができるが，「児童虐待への介入を判断する」という観点からは「価値観や態度」といった全般的水準における「自分」を知ることが大切になる。

　たとえば，「自分」は，一時保護（親子分離）についてどんな価値観や態度を持っているだろうか。第2章でも紹介されているが，Arad-Davidzon と Benbenishty（2008）の研究では，親子分離について消極的な態度を有しているワーカーは，積極的態度を有しているワーカーより親子分離に反対しやすく，家庭引取りを支持する傾向があった。もちろん高いリスクがあれば親子分離を選択する可能性も高くなるわけだが，このようなワーカーの価値観や態度は，リスクの高低とともに親子分離（この場合里親委託）を左右する大きな要因であった（Bartlink et al., 2018）。つまり，専門職が有する価値観や態度が，親子分離の判断を左右する一つの要因となるのである。

　専門職自身に成長過程で家族と別離した経験があれば，「親子は一緒にいたほうがよい」という価値観があり，親子分離には消極的になるかもしれない。あるいは，専門職として仕事をする中で，子どもが一時保護所で不自由な生活を送っていることを知ったり，どんなにひどい虐待を受けていても，保護者との結びつきの強さに驚かされた経験があると，親子分離の判断に迷いが生じるかもしれない。実際，経験の少ない専門職のほうが経験のある専門職より親子分離を支持しやすい（Benbenishty

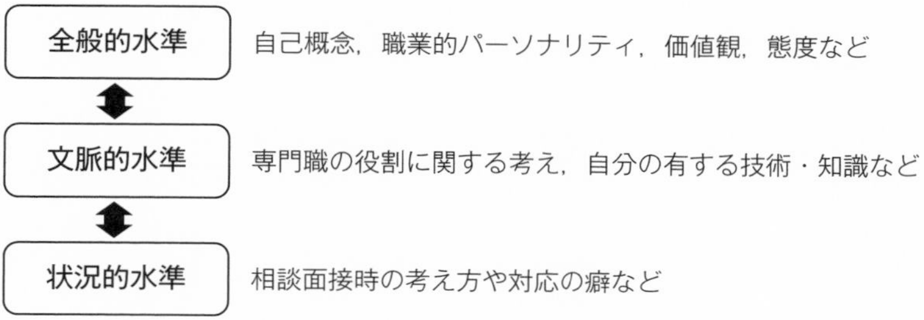

全般的水準 自己概念，職業的パーソナリティ，価値観，態度など

文脈的水準 専門職の役割に関する考え，自分の有する技術・知識など

状況的水準 相談面接時の考え方や対応の癖など

図 3-2　自己覚知の水準とその内容
（Vallerand & Ratelle（2002）をもとに作成）

et al., 2002）という研究があり，児童虐待への対応経験を重ねていくことが，専門職の親子分離に関する価値観を変化させる可能性もある。そのため専門職は，親子分離に関する自分自身の価値観について，常に意識しながら児童虐待への介入を行っていく必要があると言える。

　また，「自分」は子どもや保護者の希望をどの程度重視すべきと思っているだろうか。子どもや保護者の希望は親子分離や家庭引取りの判断を左右しない（Arad-Davidzon & Benbenishty, 2008）という研究結果がある一方で，専門職が子どもや保護者の意向に反して，意思決定をすることが難しいことを示す研究結果もある。Davidson-Arad ら（2003）は，イスラエルのソーシャルワーカーを対象とした質問紙調査において，親子分離が必要という判断を下していたにもかかわらず，実際にその判断が実施されなかったケースが 20.8％（20 事例）あったと報告しており，その大多数の理由は，保護者や子ども自身から同意が得られなかったからであった。

　Carvalho ら（2018）は，専門職と学生を対象として，何が里親委託の継続か家庭引取りかを判断する基準になるか，架空事例を用いて検討した。架空事例は，7 歳女児が身体的虐待やネグレクトの被害を受けて里親委託されて 2 年後，里親との関係はうまくいっており，学校でもよく適応している状態だが，元の家族は良い変化もなく，支援も拒否してい

る状態である。そんな状況ではあるものの，母親が引取り要求をしているといった内容である。

研究に参加した人は，その事例における女児の希望について，二つの異なる希望を読むグループに分けられる。一つは，女児は元の家族に帰りたくないと思っているという内容を読むグループで，もう一つは，女児は元の家族に帰ってもよいと思っているという内容を読むグループである。子どもが帰ってもよいと思っている内容を読んだグループのうち，家庭引取りを選択したのは専門職が 15 名（15%），学生が 19 名（19%）の合計 34 名（17%）で，理由について回答があった者のうち，「子どもが帰宅を望んでいるから」と回答したのは，26 名中 9 名（34%）であった。単純な比較は難しいが，割合だけを見れば，専門職のほうがこの理由を挙げた割合が高かった。

特にソーシャルワーカーは，利用者の**自己決定**を尊重するような教育を受けている。しかし，「利用者の自己決定を尊重する」という価値観の下，たとえば，家庭引取りとなることで虐待が再発するリスクが高いことがわかっているのに，子どもの「もともと通っていた学校に通いたいから家に帰りたい」という希望，あるいは「1 週間後は子どもの誕生日だから家族でお祝いをしたい。だから子どもを早く返してほしい」という子どもや保護者の希望を叶えることは，利用者の自己決定や選択を尊重していると言えるだろうか。

子どもが虐待の被害を受けるリスクがあったり，子どもや保護者にとって利益にならない事態が予測されているのに，自己決定や選択を尊重するというのは，専門職が子どもや保護者を放任し，セルフネグレクトを助長していることと同じであり（Hofland, 1990），それは見せかけの自律性（Cohen, 1988）の支援である。

専門職は「その判断が子どもの自己決定を本当に尊重しているのか」と自分に問い直す姿勢を持つことが大切である。必ずしも「選択」や「自己決定」ができない状況にある子どもや保護者の人生・生活に付き合い，彼らにとって利益になることを共に考えていく姿勢を持つことが

専門職として必要であろう。

　ただし，支援を行っていく中で，「なぜこのケースの支援方針を決められないのだろう」，「今やっている支援は本当に子どもや保護者のためになっているのだろうか」と，子どもの一時保護や家庭引取りの判断はゆらぐものである。そうした「ゆらぎ」を経験するのは，「自分の価値観」と子どもや家庭が必要としている支援が一致しないときが多いはずである。だとすれば，「ゆらぎ」は自身の価値観を知り，子どもや保護者にとって適切な介入をするためのチャンスであるとも言える。

　「ゆらぐ」ことがなく，「自分」の価値観に無自覚に支援を続けてしまったら，科学的・客観的なリスクアセスメント上は，親子分離が必要なケースに対して，自分の主観や価値観ゆえに一時保護などの適切な介入をすることができず，子どもをさらなる虐待の被害に晒してしまう可能性もある。

　このように，自身の価値観に気づかず，無自覚に自身の価値観を優先してしまうと，防げたはずの虐待も防げなくなる。児童虐待に対して，適切な判断を行い，適切に介入していくためには，専門職としての「ゆらぎ」を経験しながら，自身の価値観をしっかりと知り意識することが必要である。それは児童虐待に対応する専門職としての成長とも言える。

　一人でも多くの児童虐待に携わる職員が，研究成果と自己覚知・自己理解を共に土台に据えて，子どもや保護者に利益となる介入ができる専門職として成長していくことが求められる。

文　献

Arad-Davidzon B & Benbenishty R（2008）The role of workers' attitudes and parent and child whishes in child protection workers' assessments and recommendation regarding removal and reunification. *Children and Youth Service Review,* 30；107-121.

Arata AM, Langhinrichsen-Rohling J, Bowers D & O'Farril-Swails L（2005）Single versus multi-type maltreatment：An examination of the long-term effects of child abuse. *Journal of Aggression, maltreatment & Trauma,* 11；29-52.

Bartlink C, Knorth E, López ML, Koopman C, ten Berge IJ, Witteman CLM & Van Yperen

TA（2018）Reasons for placement decisions in a case of suspected child abuse : The role of reasoning, work experience and attitudes in decision-making. *Child Abuse & Neglect*, 83 ; 129-141.

Benbenishty R, Segev D, Surkis T & Elias T（2002）Information-search and decision-making by professionals and non-professionals in cases of alleged child abuse and maltreatment. *Journal of Social Service Research*, 28 ; 1-18.

Carvalho JMS, Delgado P, Pinto VS & Benbenishty R（2018）Reunification in foster care : Influences on decision-making. *Child Abuse & Neglect*, 86 ; 67-78.

Cohen ES（1988）The elderly mystique : Constraints on the autonomy of the elderly with disabilities. *The Gerontologist*, 28 ; 24-31.

Davidson-Arad B, Englechin-Segal D, Wozner Y & Gabriel R（2003）Why social workers do not implement decisions to remove children at risk from home. *Child Abuse & Neglect*, 27 ; 687-697.

Fujiwara T, Kato N & Sanders R（2011）Effectiveness of group positive program（Triple P）in changing child behavior, parenting style, and parental adjustment : An Intervention study in Japan. *Journal of Child and Family Studies*, 20 ; 804-813.

Fujiwara T, Natsume K, Okuyama M, Sato T & Kawachi I（2012）Do home-visit program for mothers with infants reduce parenting stress and increase social capital in Japan? *Journal of Epidemiology and Community Health*, 66 ; 1167-1176.

蓮尾直美・鈴木聡・山川将吾（2012）学校組織における被虐待児の発見・対応と社会化をめぐる教師役割の再規定（1）：学校・児童相談所・児童福祉施設による連携の実際を手がかりに．三重大学教育学部研究紀要：教育科学，63 ; 359-369.

菱川愛（2013）サインズ・オブ・セーフティ・アプローチ［2］サインズ・オブ・セーフティ・アプローチ実践のための面接技術．ソーシャルワーク研究，39 ; 45-54.

Hofland BF（1990）Autonomy and long-term care practice : Introduction. *Generations*, 14（supplement）; 5-8.

Horikawa H, Sugimoto SP, Musumari PM, Techasrivichien T, Ono-Kihara M & Kihara M（2016）Development of a prediction model for child maltreatment recurrence in Japan : A historical cohort study using data from a Child Guidance Center. *Child Abuse and Neglect*, 59 ; 44-65.

金沢吉展編（2007）カウンセリング・心理療法の基礎：カウンセラー・セラピストを目指す人のために．有斐閣.

加藤純（2001）児童虐待への介入に際するリスクアセスメントモデル．ソーシャルワーク研究．26 ; 37-43.

厚生労働省（2008）児童虐待を行なった保護者に対する援助ガイドライン．（https://www.mhlw.go.jp/bunya/kodomo/dv21/01.html）（2019 年 4 月 6 日アクセス）

厚生労働省（2014）子ども虐待対応の手引き．（https://www.mhlw.go.jp/seisakunitsuite/

bunya/kodomo/kodomo_kosodate/dv/dl/120502_11.pdf）（http://www.mhlw.go.jp/toukei/list/38-1.html）（2019 年 3 月 9 日アクセス）

Mikton C & Butcart A（2009）Child maltreatment prevention : A systematic review of reviews. *Bulletin of the World Health Organization,* 87 ; 353-361.

野村克也（2005）野村ノート．小学館.

Norman RE, Byambaa M, De R, Butchart A, Scott J & Vos T（2012）The long-term health consequences of child physical abuse, emotional abuse, and neglect : A systematic review and meta-analysis. *Plos Medicine,* 9 ; 1-31.

Ohashi H, Wada I, Yamaoka Y, Nakajima-Yamaguchi R, Ogai Y & Morita N（2018）Cumulative risk effect of household dysfunction for child maltreatment after intensive intervention of the child protection system in Japan : A longitudinal analysis. *Environmental Health and Preventive Medicine,* 23 ; 14.

Skowron E & Reinemann DHS（2005）Effectiveness of psychological interventions for child maltreatment : A meta-analysis. *Psychotherapy : Theory, Research, Practice, Training,* 42 ; 52-71.

Solomon D, Åsberg K, Peer S & prince G（2016）Cumulative risk hypothesis : Predicting and preventing child maltreatment recidivism. *Child Abuse & Neglect,* 58 ; 80-90.

Vallerand RJ & Ratelle CF（2002）Intrinsic and extrinsic motivation : A hierarchical model. In EL Deci & RM Ryan（Eds.）*Handbook of Self-Determination Research,* pp.37-63. University of Rochester Press.

Van der Put CE, Assink M & Stams GJJM（2016）Predicting relapse of problematic child-rearing situations. *Children and Youth Services Review,* 61, 288-295.

Van der Put CE, Assink M, Gubbels J & Boejhout van Solinge NF（2018）Identifying effective components of child maltreatment interventions : A meta-analysis. *Clinical Child and Family Psychology Review,* 21 ; 171-202.

第4章 | 児童養護施設における虐待への対応とケア

子どもが保護される児童養護施設はどのような場か。子どもたちの生活はどのようなものだろうか。児童虐待は子どもの育ちにどんな影響を与えるのか。子どもと家族の回復のためのケアとは———

田附 あえか

　家庭から保護された子どもは，家庭や子どもの状況を児童相談所が調査する間，一時保護される。前章で例示された架空事例においては，児童虐待が生じた家族ではあるが，一時保護後は地域でサポートを受けながら在宅での生活が可能であると判断されていた。もう一つのありうる判断は，家庭での養育は困難であり分離保護が相当であるという決定である。その場合，子どもたちの多くは「児童福祉施設等」に入所となる。

　児童福祉施設等に保護されれば，差し迫った虐待の被害は免れることができ，子どもの生命の安全は保障されるかもしれない。しかし子どもにとっては，自分の落ち度ではまったくない理由で突如住む場所を変えられることになり，まったく新しい環境に置かれてしまう。そして，友達から離れ，幼稚園・保育園や学校も変わり，見知らぬ子どもたちとの集団生活に順応しなくてはならない。援助者らは，子どもたちの生活が安全なものにように懸命に模索し，少しでも安心して暮らせるように細やかな配慮をするものの，児童虐待を受けた子どもたちは，被虐待体験そのものだけでも大きな試練であったのに，その後，施設に保護された際にも，また別の種類の安定しない生活を経験することになる。

　児童虐待を受けて家庭から分離保護された子どもは，どのように成長していくのだろうか。児童虐待は子どもにどのようなダメージを与え，子どもたちの回復を支えるのは何であろうか。特に，児童養護施設でで

きる支援は何であろうか。また分離された家族とは，どのような関わり
を持ちうるのだろうか。本章では種々のデータを示しながら，児童福祉
施設，特に大半の子どもが措置される児童養護施設において，子どもの
成長と回復に寄与する可能性を論じたい。

児童養護施設とは

◉ 一時保護後の施設

家庭での養育が困難であると判断された子どもたちは，まずは児童相
談所内にある一時保護所などに応急的に保護され，その後，児童福祉施
設等に移動する。一時保護中は，地理的に遠方であるためや，不適切な
養育を行っているとされる保護者との分離を図るためなどの背景から，
もともと属していた学校などに通えなくなることが多いのが現状であり，
可能な場合は，通学・通園の支援をするようにとの改善方針が出されて
いる（厚生労働省，2019a）。一時保護所はあくまで一時的な居場所であ
り，2 カ月以内にその後の方針が決定されることが，児童相談所運営指
針で定められている。在所期間の全国平均（平成 27（2015）年度）は
29.6 日とされるが，地域によっては平均 50 日を超える場所もあり，子
どもに安定した生活を速やかに提供できないケースがあることが課題と
なっている（厚生労働省，2017a）。

一時保護所からの主な移動先には，子どもの年齢や状態によっていく
つかの種類がある（表 4-1）。主に 2 歳以下の子どもが対象となる乳児
院，子ども自身の非行傾向が進んでいる場合には児童自立支援施設，ま
た心理的・治療的なサポートがより必要だと判断された子どもは医療機
関や児童心理治療施設へと措置される。しかし子どもたちの大半は，本
章で扱う**児童養護施設**に入所となる（以下，単に「施設」と称する場合
は児童養護施設を指す）。それ以外には里親やファミリーホームで生活
することになる子どもたちもおり，特に現在，未就学児は里親やファミ

表 4-1　養護を必要とする子どもが入所して生活する児童福祉施設の概要
（村松，2018／表 3, 入所施設の概要より一部抜粋）

	対象年齢	特徴
乳児院	乳児または幼児（必要に応じて就学前まで入所可能）	乳児（障害児を含む）の心身の健康と発達を保障する
児童養護施設	保護者不在，被虐待等，養護が必要な児童（必要に応じて幼児と 20 歳までの入所が可能）	安定した環境の提供と，生活，学習，家族支援を行いながら，自立を支援する
児童心理治療施設	18 歳未満の児童（必要に応じて 20 歳までの入所が可能）	心理的・精神的問題を抱えている子どもたちに，心理治療を実施するとともに，施設内の分級と連携しながら総合的な治療・支援を実施する
児童自立支援施設	18 歳未満の児童	非行などの問題行動および「家庭環境その他の環境上の理由により生活指導等を要する児童」に対し，心の安定と自立に向けた支援を行う（保護処分としての入所措置があり，施設母体は大多数が公立）

リーホーム等の地域に根差した家庭的なセッティングで暮らすことが推奨されている（厚生労働省，2019b）。

◉児童養護施設＝家庭で暮らせない子どもの「家」

では，児童養護施設とはどのような施設だろうか。児童養護施設は，児童福祉法によって定められた児童福祉施設の一種で，何らかの事情で保護者とともに暮らすことのできない原則 2 歳から 18 歳までの子どもが住み暮らす施設である（表 4-2）。

端的に言えば，児童養護施設とは，家庭で暮らせない子どもたちの「家」であり，生活の場である。子どもたちは，施設から地域の幼稚園，小中高等学校に通学する。建物の仕組みはいくつかのパターンがあり，一番古い形は「大舎制」と呼ばれるもので，ワンフロアに 2〜4 人

表 4-2　児童養護施設とは

児童福祉法　第 41 条
「児童養護施設は，保護者のいない児童（乳児を除く。ただし，安定した生活環境の
確保その他の理由により特に必要のある場合には，乳児を含む。以下この条におい
て同じ。）虐待されている児童その他環境上養護を要する児童を入所させて，これを
養護し，あわせて退所した者に対する相談その他の自立のための援助を行うことを
目的とする施設とする」

　定員の居室がずらりとならんでおり，そのフロアにリビングや洗面所等
の共用設備がある（図 4-1 上）。子どもたちの身の回りの世話をするの
は，ケアワーカーである。フロア担当のケアワーカーは複数名おり，多
くの場合は交替制で，朝学校へ送り出すケアワーカーと夕方迎えるケア
ワーカーは異なることが多い。最近では，「小舎制」や「ユニット制」
も増えていて，大舎制とは住む部屋の構造や職員体制が異なっている。
これらの場合，多くは部屋の中心にリビングや共用設備が位置しており，
それらをぐるりと囲むように個室か二人部屋が数部屋ある（図 4-1 下）。
これをまとめて 1 グループとされる。一つのグループには子どもが 6〜
8 名いて，グループ担当のケアワーカーは複数名いるが，交替制で，時
間帯ごとに 1 名ずつが担当している。このグループがワンフロアに二
つくらい入っている施設が多いが，もっと家庭に近い形式もあり，3〜
4LDK のような一軒家に近い形をしたホームに，子ども 6 名程度と職員
が交替で 1 名ずつ暮らしている場合もある。ホームの場合は，管理棟
を中心としてまとまった敷地にある場合もあれば，地域に分散した形で，
通常の一軒家に近い形で配置されていることもある。

児童養護施設の役割の変遷

　児童養護施設は子どもたちの「家」であると述べた。しかし現在の児
童養護施設は単なる家の役割を超えた役割を期待されている。

大舎制の例（児童養護施設二葉学園昭和43（1968）年設立当時の居室配置）
＊「もくせい」「さくら」「すずらん」などは子どもの居室の愛称。

1階平面図

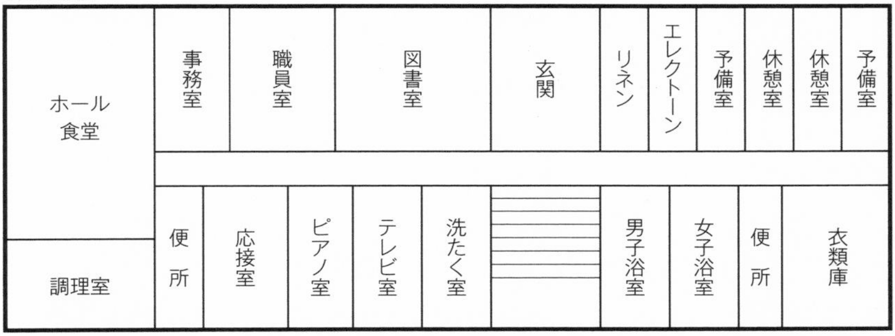

ホール 食堂	事務室	職員室	図書室	玄関	リネン	エレクトーン	予備室	休憩室	休憩室	予備室
調理室	便所	応接室	ピアノ室	テレビ室	洗たく室		男子浴室	女子浴室	便所	衣類庫

2階平面図

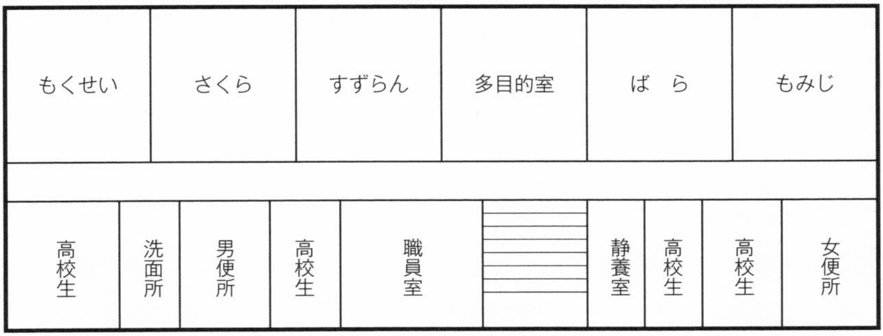

もくせい	さくら	すずらん	多目的室	ばら	もみじ
高校生	洗面所	男便所	高校生	職員室		静養室	高校生	高校生	女便所

ユニット制の例（二葉学園平成25（2013）年度以降）

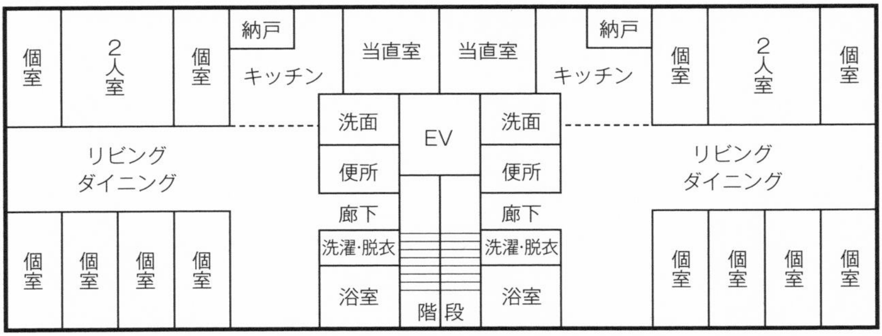

個室	2人室	個室	納戸 キッチン	当直室	当直室	納戸 キッチン	個室	2人室	個室
リビング ダイニング				洗面 便所	EV	洗面 便所	リビング ダイニング		
				廊下		廊下			
個室	個室	個室	個室	洗濯・脱衣 浴室	階段	洗濯・脱衣 浴室	個室	個室	個室	個室

図4-1　施設の間取り（施設の小規模化等事例集（厚生労働省，2013a）より）

◉ わが国における児童養護施設のはじまり

　わが国における児童養護施設のはじまりは，飛鳥時代に聖徳太子が身寄りのない老人，貧しい人や孤児を救うために建てた悲田院（ひでんいん）だとされるが，子どもを対象とする福祉施設の近代史は，1887（明治20）年，児童福祉の父と称される石井十次による岡山孤児院の創設から始まる（Goodman, 2000）。キリスト教思想を背景に，英国のバーナードホームにならって，院内において「家族制度」が実施された。小舎（コッテージ）に主婦（保育士）と10人程度の孤児が住み，大人と子どもの1対1の関係性が重視された。最大1,200名の子どもたちが同院に保護されていた時期もあるという（社会福祉法人石井記念友愛社, 2021）。

◉ 戦後の混乱期

　時代は下り太平洋戦争後には，国中にあふれる親のいない浮浪児や，米軍兵士と日本女性との間に生まれた子どもたちを保護するための施設が，相次いで設立された。このころになると時代の要請に合わせて，ケアワーカーが施設に住み込むのではなく，通いで交替制勤務となった施設も多数あるものの，この時期までの長い間，児童養護施設は，貧困や戦争などを背景とした孤児の家庭代替機能を有しており，ケアワーカーは子どもの親代わりであり，子どもは孤児院で幼少期から育って自立していくというスタイルであった。

　1950年代初頭，児童養護施設をめぐる状況は急激に転換していく。戦後10年あまりで「戦争孤児」は姿を消していき，児童養護施設は，子殺しや子捨てなどといった社会現象を背景に「崩壊」した家族から子どもを守る機関として機能するようになった（土屋, 2014）。家庭代替であることに変わりはないものの，児童保護の機関としての役割が，徐々に期待され始めたのである。

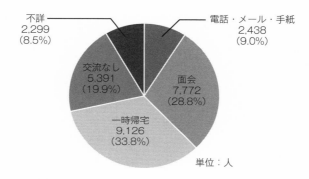

不詳
2,299
(8.5%)

電話・メール・手紙
2,438
(9.0%)

交流なし
5,391
(19.9%)

面会
7,772
(28.8%)

一時帰宅
9,126
(33.8%)

単位：人

図4-2　児童養護施設入所児童の家族との交流関係別児童数
（厚生労働省，2020a より作図）

◉児童虐待防止法制定後

　2000年に児童虐待防止法が施行されると，児童虐待が生じた家族から保護される子どもの数はますます増えて2017年には入所児童の65.6%を占めるようになり（厚生労働省，2020a），児童養護施設はまた別の役割を要請されるようになった。それは，入所児童とその家族の「ケア・治療機関」としての位置づけである。詳細は次節以降で述べるが，被虐待による心的外傷も含めて，入所児童のうち障害を抱える子どもが39.4%を占める中で（厚生労働省，2020a），子どもを保護するのみならず，心のケアや治療が求められ始めたのである。

　さらに現在，児童養護施設入所児童の7割以上が親との交流を持つに至り，もはや施設は親のいない子どもの家庭代替であるとは言えなくなった（図4-2）。このような状況の変化のみならず，2004年には児童養護施設の定員充足率が9割を超えて満員状態になったことを受け，厚生労働省は児童相談所に**家族再統合**のための取り組みを促すようになった。家族再統合という言葉からは，子どもが家庭へ復帰して家族と暮ら

すことを連想するかもしれない。狭義の家族再統合はその通りであり，わが国でも当初はそのような動きが強かったが，現在は広義の家族再統合としての定義がなされている。すなわち，「『親子が親子であり続けられる親子関係・親子形態の再構築』であり，『親子が安全かつ安心できる状態で互いを受け入れられるようになること』で，必ずしも親子が一緒に住み暮らすことではない」（愛知県，2002）という見解が一般的である。最近は児童養護施設における家族への支援については，家族再統合のための支援というよりは，**親子関係再構築支援**（みずほ情報総研株式会社，2017），あるいは，単に「**家族支援**」と呼ばれることも多い。

◉ 施設における家族支援の推進

　このような流れの中で，2003 年には，児童養護施設等の子どもを預かる施設にも，児童相談所などとの連携のもと，家族支援の実施が要請されるようになった。それに応じて専門職の配置も可能となった。2000年には児童養護施設に心理職が配置されていたが，2011 年には最低基準として**心理療法担当職員**の配置が義務づけられた。心理療法の対象となる子どもが 10 人以上いるすべての施設に，心理療法を担当する専門職が配置されたのである。また，2004 年度からは，常勤の**ファミリーソーシャルワーカー**（家族支援専門相談員：FSW）の配置も可能になった。つまり子どものみではなく，その家族を含めてケアすることが児童養護施設に求められるようになったのである。

　以上のように，児童養護施設は，親のない子どもの家庭代替役割に始まり，そのときどきの社会状況とその中で子どもの置かれた状況の変化と呼応して，養育機能の低下した家庭からの保護役割，そして現代は不適切な養育によって心身の発達に負の影響を受けた子どもたちとその家族のケア機能を付与されるようになった。さらに，地域における全般的な子育て支援を担う機関が併設される施設も出てきた。これは，一般的な子育て相談に応じたり，保護を要する子どもやその保護者に対する指導も行う施設である。加えて，里親養育推進政策の影響を受けて，里親

を支援する専門職が配置される施設も出てきた。つまり児童養護施設には，施設入所児とその家族に限らず，地域で暮らす里親や一般の親子を含めた，地域の子育て支援のハブ機能も期待されているのである。

しかし，機能の拡大の中で，専門性を有する職員の配置が次々に可能となったものの，児童養護施設はどのような役割を果たせば良いのかが引き続き模索されている。わが国の児童養護施設は，依然として親のいない子どもを保護し，親代わりとして育てるといった指針を核とする施設が多い。しかし，虐待の影響下で心身の不調が著しい子どもが増加し，これまでの施設養育のあり方がそのまま通用しなくなっている。そんな子どもとの暮らしに職員たちは日々奮闘している。それに加えて，子どもの親代わりであったはずの施設が，親代わりにとどまらず，現実の親・家族のサポートをも期待されるようになって，その手段を模索しているのが現在の児童養護施設であるとも言えよう。

児童養護施設で暮らす子どもたち

◉ 入所児童

現在，児童養護施設は，全国に605カ所あり，約25,300人の子どもが暮らしている（2018年10月現在：図4-3）。これは2〜18歳の子ども人口の約0.1％にあたり，毎年約2,500人が児童養護施設に新しく入所している（図4-4）。2018年度においては，虐待相談対応件数159,000件あまりの約2.9％（4,641件）が児童養護施設を含む児童福祉施設等への入所となっており，児童養護施設への入所は約1.5％（2,441件）となっている（厚生労働省，2020b）。それ以外の大半の子どもは，在宅指導となる。つまり，わが国において施設入所となる子どもたちとその家族は，かなり限られた数であり，児童虐待が生じたとされる家族の中でも相当程度に深刻で，地域サポートを得ても生活が困難であると判断された事例であることがわかる。

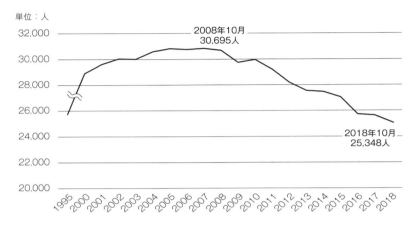

図4-3 児童養護施設入所者数の変化（社会福祉施設等調査より作図）

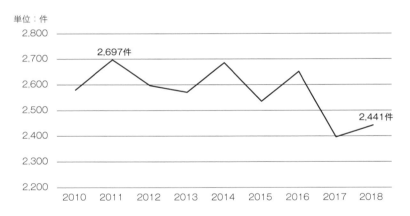

図4-4 児童養護施設新規措置者数の変化
（子どもの虹情報研修センター 2019 年度児童相談所所長研修〈前期〉
児童家庭福祉の動向と課題より作図）

　児童養護施設の在籍児の年齢の変化を見てみると，最近は中学生以上が増えており，高齢児の割合が増加している（図4-5）。在籍期間は，12 年以上と長期間の事例が増える一方で，4 年未満の短期の入所が半数

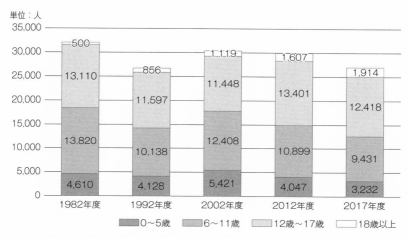

図4-5　児童養護施設入所児童の年齢の変化（厚生労働省，2020aより作図）

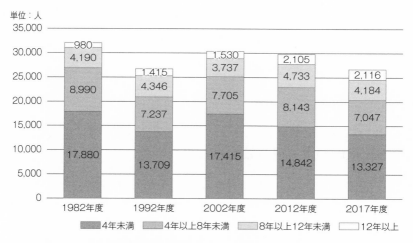

図4-6　児童養護施設措置期間の変化（厚生労働省，2020aより作図）

以上を占めることがわかる（図4-6）。また，児童養護施設入所理由の
うち，児童虐待に関するものは約4割を占め，その他は養育困難，親の
死亡や入院等の理由での入所となっている（図4-7）。入所児童におけ

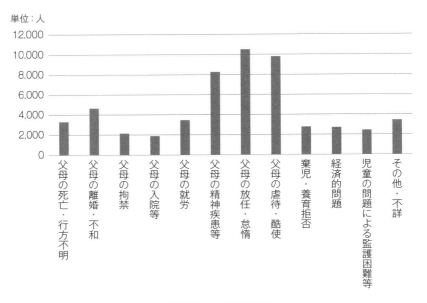

図 4-7　児童の措置理由（養護問題発生理由）
＊複数回答（厚生労働省，2020a より作図）

る被虐待児の割合が増加したことは，心身の不調を抱える子どもの増加
につながっている。

◉児童虐待と子どもたちの状態の変化

　髙田（2016）は，児童福祉施設の一種である情緒障害児短期治療施
設（現・児童心理治療施設）における縦断調査を行った。2000 年 9 月
1 日時点で，全国の全 17 施設に入所していた全 571 名を対象に，2000
〜2004 年までの毎年 1 回計 5 回，基本的な生活習慣，身体の発育，対
人関係，認知や学習の能力，問題行動，児童精神科領域についての医学
的ケアといった，子どもの状態像に関する 19 領域 156 項目からなる質
問紙調査を実施し，被虐待児と被虐待経験のない子どもを比較してい
る。情緒障害児短期治療施設は，もともと不登校児の治療を行っていた

が，2000年あたりから，不登校等の背景を持つ被虐待経験のない子ど
もと被虐待児が混在するようになり，施設の雰囲気が変わったとされる。
この変化について実証的な検討を試みたのが本調査であった。その結果，
上記の質問項目のうち，3割以上の子どもが該当する項目数を検討した
ところ，被虐待児では19項目が該当している一方，被虐待体験のない
子どもでは4項目のみが該当しており，被虐待児のほうが多岐にわたる
問題を呈していることがわかった。さらに虐待の種類，入所年齢，性別
などの要因を考慮した解析を行った結果，虐待の種類にかかわらず虐待
的養育を受けた子どもは，寝つきの悪さ，過敏さ，不安定な（対人的）
関わりといった特徴を呈しやすいことを見出した。これらの特徴は，日
常生活の基本を成り立ちにくくさせており，また集団生活を営む際にも
問題として現れる。情緒障害児短期治療施設に入所する子どもはより重
篤な課題を抱えることが多いため，これをそのまま児童養護施設全般に
あてはめることはできないが，児童養護施設でも，生活を整えることを
基本として，子どもがあたりまえの日常生活を送ることが難しくなって
いる現状が察せられるだろう。

　さらに，親と離れて，まったく異なる環境での集団生活を一定期間経
験すること自体が，子どもの発達に影響を与える。「虐待のために家族
から分離されて施設に入所することは，子どもにとって非常に重大な体
験である。こうした体験は，子どもに『二重のトラウマ（心的外傷）』
を生じさせる可能性がある」（厚生労働省，2017b）のだ。児童養護施設
に入所している子どもたちの大半は，被虐待体験と家族との分離体験と
の二重の不利益を受けているのである（大塚，2017）。これらの経験を
背景として，入所児童の中で各種障害を抱える子どもは全体の36.7%に
のぼり，心身の発達の不調を抱える子どもが増加している（図4-8）。

　以上から，近年児童養護施設が受け入れる子どもたちは，（1）分離保
護が相当とされる程度に家庭の養育機能が低下していること，（2）高齢
児が増えていること，（2）短期間で退所していくこと，（4）被虐待と家
族からの分離の影響を受けており，心身の発達の状況に課題を抱える児

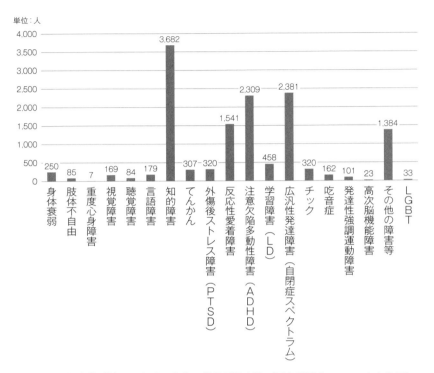

図 4-8　児童養護施設における心身の状況別児童数（厚生労働省，2020a より作図）
　　　　＊障害等ありの該当者数 9,914 人（入所児童総数の 36.7%）の内訳

　童が増加していること，といった特徴を有していることがわかる。このように，児童養護施設の現状は，その前身である「孤児院」が持っていた，幼いころから施設職員を親代わりにして育つ子どもの家であるといった様相からは大きく隔たっているのだ。

◉施設における人材育成の課題

　児童養護施設はその変化に対応すべく奮闘しており，入所児童の暮らしを安定したものにしようと対処しているものの，人材の不足，労働条

件の不備，専門性の課題などさまざまな課題があることが指摘されており，中でも職員体制は深刻な課題として挙げられている。たとえば，子どもにとっては入所時点の自分の姿を知っている大人がずっとそばにいてくれることは，分断されてきた人生の連続性を保障する大きな支えとなるし，後ほど紹介する通り，養育環境の一貫性は，社会的養護下にある子どもの発達の主たる保護要因となることが知られている（久保田，2018）。しかし現状では，親代わりであるケアワーカーの勤続年数は平均7.7年であり，他業種に比べて短く（増沢，2016），また，田附（2012a）による全国の児童養護施設を対象とした質問紙調査（n＝246）では，ケアワーカーの児童福祉領域（児童福祉施設や児童相談所など）での経験年数に関して尋ねたところ，経験年数が3年未満の職員が一番多いと回答した施設が全体の約4分の1を占め，5年以下の職員が一番多いと回答した施設が過半数に至った。特に小規模化が進む施設では，それぞれに発達上の特徴や難しい課題を抱えた子ども6〜8人に対して，ケアワーカー一人がケアをしていることも多い。ケアワーカーの離職率は，定員40名以下の小規模施設において高いことが示されており，「精神的不調・負担」がその理由であるとする割合も，大規模施設よりも小規模施設に多い（ブリッジフォースマイル，2013）。このような構造では安定した養育が提供されにくくなるのは当然である。子どもにとってみれば，親代わりの大人がしばらくすると変わってしまうような事態である。増沢（2016）は，現在の児童養護施設における課題を以下のようにまとめている。

　　施設の困難状況に関わらず，職員体制は未だ不十分である。2015年にようやく職員配置の最低基準の見直しがなされたが，わずかな改善であり，充分とは到底言えない。欧米の施設の体制と比較すれば未だ格段の違いがある。一方で施設の小規模化が推進される流れの中で，一人の養育者が担う子どもの人数は増えており，充分なサポートを届けなければ，この困難状況に拍車をかけるような事態となってしまう。現在の児

童養護施設は非常に厳しい体制の中で，子どもの心的な回復と健全な育ちを促す養育という難解なテーマを担わされている。

　ケアワーカー等の数的配置の増加を促しながら，専門性の向上をどのように担保するかは大きな課題ではあるものの，やはりさらなる職員配置の最低基準の改善が必要であると言えよう。

児童虐待が子どもに与える影響

　さて本節では，児童虐待自体が，子どもに与える影響についてもう少し見てみよう。成人後の健康への影響については，第 1 章でも述べられているが，児童虐待は子どもの心身の発達に長期的・短期的に甚大な影響を及ぼすことが種々の研究から指摘されている（Kilka & Conte, 2017）。解離に関する世界的権威である Putnam（1997）は，幼児期の被虐待体験と，抑うつと不安，自殺および自己破壊行動，性的問題行動，身体化，物質乱用，攻撃・問題行動・犯罪行動，認知的後遺症，注意・多動問題，学校問題，自己の発達の問題，精神生物学的後遺症との関連に関する膨大な研究を概観している。一見してわかる通り，幼児期の被虐待体験は，子どもが呈する適応上の課題の大半に及んでいると言ってもよい。その影響は深刻で，生涯にわたって続くことも多い。各種の大規模調査や縦断調査では，身体的虐待が自殺行動や自己破壊行動に関連があること（Green, 1978 ; Yates et al., 2008），幼少期の性的被害は生涯における精神障害の発症と関連があること（Burnam et al., 1988），被虐待経験がない者に比べて被虐待経験を持つ者のほうが性的加害を起こす傾向が高いことなどがわかっている（Widom & Ames, 1994）。

　児童虐待は，子どもの認知発達にも深刻な影響を与えうる。ロンドンの Early Intervention Foundation の研究によれば，初期の認知発達，特に 4 歳時点における言語能力，因果推論，心の理論，数の認識などといった能力が，子どもの学業達成度の強力な予測因子であるとされており，

中でも幼少期の言語能力は，子どものその後のウェルビーイングの予測因子であるとされている（Asmussen et al., 2018）。しかし，養育環境が整わず，親子関係の相互作用の乏しさが見られる家庭の子どもは，そうでない家庭と比べて，すでに生後 18 カ月時点から言語発達の遅れが顕著であり，やがて中学卒業時には学業成績に著しい負の影響が見られることが報告されている（Law et al., 2017）。このように幼少期の整わない家庭環境が，成人後の心身の健康や行動に重大な影響を与えることのみならず，子どもの社会心理的発達に深刻な影響を与えることが確認されている。

　被虐待児に見られる逸脱行動・症状は，虐待的環境を生き延びるために子どもたちが身につけてしまったこととして理解されるが（増沢，2009），現代では多くの基礎研究から子ども時代の困難な養育環境や過酷な体験が，脳の発達の阻害や偏り，ホルモンの変調などをはじめとする生理的変化を起こし，その後の心身の成長や発達に負の影響を及ぼす可能性があることが示されている。1 章でも触れられていたが，本章でも改めて確認しておこう。

　トラウマ研究の第一人者である van der Kolk（2014）は，トラウマを経験した人がフラッシュバックを起こしているときの脳画像を調べて，脳の扁桃体にある種の機能異常が生じていることを見出した。扁桃体とは，「煙探知機」のような働きをするものであり，入ってくる情報が生命に関わるものであるか否かを素早く識別する役割を担う。扁桃体は脅威を感知すると，視床下部と脳幹へ直ちにメッセージを送り，ストレスホルモン系と自律神経系を動員して，全身の反応をまとめる。命が危険だと察知すると，たとえば逃げだしたり，闘ったりして危機を脱しようとするわけである。これを「闘争・逃走反応」と呼ぶ。この反応はきわめて迅速なのだが，今入ってきている一連の情報が生命の維持にとって脅威になるかどうかの判断には，扁桃体の近くにある海馬の助けを借りる。海馬は新しい刺激と過去の経験を関連づける役割を持っており，過去の経験と照合して，直面している事態の瞬時の判別を助ける。van der

Kolk（2014）によれば，フラッシュバックを起こしている脳の危険識別機能は，すでに過ぎ去った過去の状態を，今でも過敏に危険状態であると判断し，常に臨戦態勢となっていると解することができ，いわば脳が過去と現在を区別していないかのような状態であるとされる。トラウマは，体，心，脳という人間の生体全体に影響を及ぼす。トラウマ体験を抱える人の中に，環境に過敏でいつも安心せず，対人関係が不安定であるといった臨床像を呈するものがいるが，その背景の一端はここにある可能性がある。

　では，このように子どもの人生全体に大きな影響を与えうる幼少期の虐待経験からの回復については，どのような知見があるのだろうか。次節では児童虐待からの回復に必要とされるものに関する研究を整理し，続いて児童養護施設が担う役割の可能性について，検討してみたい。

不適切な養育を受けた子どもの育ちと回復

◉ 発達精神病理学とは

　トラウマのように人生の広範囲に及ぶ心身の不調とその回復を考えるときに軸となる考え方として，時間や発達の流れを視野に入れて検討する，**発達精神病理学**という学際的分野が注目を浴びている（Cummings et al., 2002）。発達精神病理学では，精神病理の発生や維持はプロセスであり，個体とそれを取り巻く生態システムのさまざまな要因が複雑に絡まって表現されると考える。人の生涯は適応と不適応の連続であると見なし，現在の不適応はプロセスの中の暫定的な表れとして，個体の素質要因や環境要因を含めた多様な変数を検討しながら，**リスクファクター**とリスクを防御する要因（**保護要因**）の両方を明らかにすることを試みる。

　平たく言えば，人間の育ちには，子ども自身の生まれ持った特徴，親や家族をはじめとする子どもの養育環境，その養育環境を取り巻く地域社会の状況など，いろいろな要因が複雑に影響している。ある子どもの

人生は，最初から基本的に適応的かもしれないし，ずっと不適応な状態が続いているかもしれない。しかし子どもは，日々成長し変化していく。ある時点では不適応を起こしていても，時間が進むと適応的になることもある。その適応や不適応の変化や維持にはどんなことが関わっているのかを，多方面から検討する学問が発達精神病理学である。そして，適応のリスクを高めたり，リスクを防御したりする要因は何かを追究するのである。

　発達精神病理学は，問題を有する子どもに限らず，通常の子どもを含む人間の発達全体を対象としていることに特徴があるが，幼少期に不適切な環境で育ち，問題行動があったり，育てにくい子どもであると判断されたりした子どもについて追跡した調査結果が蓄積されている。このような調査の主たる方法として，ある集団を長期的に追跡調査する**縦断研究**と呼ばれる手法を用いており，古くは 1950 年代に結核の療養所に分離された子どもの追跡調査が行われ，多様な道筋の発達を遂げることが示された（Bowlby et al., 1956）。ルーマニア孤児の追跡調査では，虐待を受けた子どもの心身のダメージの深刻さとともに，その後イギリスに移って里親養育を受けた子どもが回復していく可能性が示されている（Rutter, 1972 ; Rutter et al., 2009）。

　また，施設で育った女児の退所後の育児行動についての研究もある（Dowdney et al., 1985）。対象は，施設を退所して母親となった女性 23 名と，施設以外で育った対照群の女性 21 名であり，いずれも 2〜3 歳半の年齢の子ども一人以上と同居していた。半構造化面接が実施され，語りの内容が母子関係の良好さ（情緒的温かさの表現のレベル，子どもへの対応の感受性，しつけのスタイルや効果や一貫性，不安や恐怖への対処法など）の観点から判定された。さらに，2 度の母子交流の観察調査によって，母子の行動（温かな情緒的交流を表す行動，母子が同室にいる時間，個別の行動を取っている時間など，特定事象の発生状態などの同定や頻度）の分析が実施された。それらをすべて考慮し，現在の養育行動を「良好」「普通」「劣悪」の 3 段階に分けて判定した結果，施設入所

経験者の養育行動は，対照群の親に比べると「劣悪」という評価が4倍
であった。その一方で，「良好」とする評価は，対照群では全体の41％
であったが，施設入所経験者でも全体の31％が良好だと判断されてい
た。予後を予測する要因として，施設退所後の家族関係の良さ，学校で
の適応の良さ，婚姻関係の安定などが報告された（Quinton et al., 1984）。

　このようにリスクの高い環境にあった子どもが発達過程で回復してい
く力は，**レジリエンス**（resilience）という視点から広く研究されている。
レジリエンスとは回復力やしなやかさ，弾力性といった意味があり，リ
スクや逆境にもかかわらず，良い社会適応をすることと定義される（庄
司，2016）。

　レジリエンスの古典的研究とも呼べるカウアイ研究（Werner, 1989,
1993 ; Werner & Smith, 1992）では，ハワイのカウアイ島で1955年に生
まれた698人を対象に30年以上の追跡調査が行われた。2歳の段階で
「ハイリスク」と判断された子ども，すなわち貧困家庭で育ち，周産期
前後にストレスを受けたか，あるいは両親の離婚，飲酒問題，精神障害
等で家庭環境が不調であったという背景を抱えた子どものうち，3分の
2は学習や行動上の問題，非行や精神的問題，18歳以前の妊娠など，成
長過程で何らかの不適応状態を呈していた。しかし，残りの3分の1の
子どもは健康な発達を遂げ，人を愛し，よく働いてよく遊ぶ，健康な青
年に成長したとされた。

　また，現在も継続するニュージーランドのダニーディン研究（Silva &
Stanton, 1997）では，1972年出生の1,037人を対象とする縦断研究が実
施された。その中で，被虐待経験は後に犯罪者となるリスクを50％増
すとされたが，虐待を受けたにもかかわらず適応的な生活をする者もい
ることが報告された。

　この結果を受けて，現在では，養育の整わない環境下で育ったにもか
かわらず，反社会的行動を呈しなかった子どもの背景について，遺伝子
をはじめとする生物学的な研究も進められている。2002年にScience誌
に発表されたCaspiら（2002）の研究は，虐待された子どもたちの一部

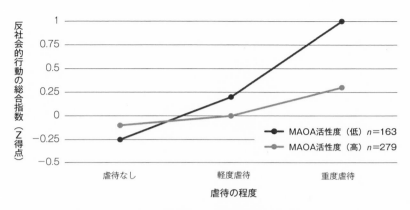

図4-9　MAOA の機能活性度と幼少期の被虐待歴に関する
反社会的行動の総合指数の平均
（Caspi, 2002 より筆者による訳）

は反社会的行動を発展させるのに，その他の子どもたちはなぜそうなら
ないのかを調べる目的で行われた。その結果，被虐待経験が反社会的行
動に及ぼす影響に，MAOA（モノアミン酸化酵素 A）が関係しているこ
とが見出された。MAOA は，神経伝達物質であるセロトニンを分解す
る酵素の活性を調節する役割を担っている。子どものころの被虐待体験
は，成長過程での反社会性を全体的に高める傾向があるが，MAOA の
活性度の高いタイプの遺伝子を持つ子どもは，低いタイプを持つ子ども
より，反社会的行動を取る程度が低まることが見出されたのである。し
かも，被虐待体験がより深刻であった場合は，MAOA の活性度が低い
ときの影響がより強く表れ，反社会的行動がより発展することがわかっ
た（図4-9）。この結果は，子どもの育ちに関して，遺伝子（MAOA）と
環境（虐待）との相互作用を示唆するものとして有名である。

　このような一連の研究結果は，育ちにはかなりの多様性があることを
指摘している。発達精神病理学では，象徴的に「木」のイメージが使わ
れており，「個人の発達は "枝分かれした木" のようなものである」と
される（Sroufe, 1997）。異常とは，発達の本体から離れていく道筋であ

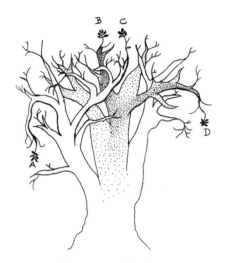

（A）精神障害に至る連続した不適応
（B）連続した良好な適応状態
（C）発達の道すじにおける回復
（D）晩期での逸脱

図4-10　発達の道すじを示す木

Sroufe, 1997 より許可を得て転載。

Copyright © 2003, Cambridge University Press

り，乳幼児の不適応（アタッチメントの問題など）はそれ自体が病理で
はなく，発達的リスクであると見なされる（Cummings et al., 2002）。た
とえば，図4-10のAの道筋は，最初から逸脱して不適応な状態で進ん
でおり，Bの道筋は，初期から主要な道筋である良好な適応状態をた
どっている。Dの道筋は，最初は主要な方向を向いていたが，途中か
ら逸脱の方向に傾行している。そしてCの道筋は，初期には正常な発
達の道筋（B）から離れているが，2番目の枝が主要な枝のほうに延び
ている。これが「回復」の例である。発達には正常へ，あるいは異常へ
と向かう複数の道筋があり，子どもの育ちの中には，「初めははずれた
道筋をたどっても，正常な発達の方向へ向かうような個人の潜在的可能

性」（Cummings et al., 2002）があることをこのことは示している。

　では，この可能性を育てるための保護要因は何だろうか。子どもが持つさまざまな生物学的要因の影響はあるものの，レジリエンス研究の第一人者である Masten（2001）は，「有能で親身になってくれる身内や地域の大人とのつながり」が，逆境で育った子どもの回復の可能性を高めると指摘した。次節以降，少し詳しくみていこう。

◉ 被虐待児へのケアのアプローチとそのエビデンス

　上述の通り，現代の研究では，幼少期に逆境的な環境で育った子どもたち個人の心理的あるいは生物学的要因と，家族をはじめとする環境的要因によって，その育ちに多様性があることがわかっているが，本節では，児童虐待の被害を受けて，適応上の問題を呈する子どもへのケアについて考えてみたい。

　児童虐待を受けた子どもへのケアに関する研究は多くのものがあるが，ここでは，トラウマや PTSD からの回復に焦点をあてたケアに関する研究と，児童福祉施設をはじめとする入所施設という場の特徴を考慮に入れたケアに関する研究を取り上げてみよう。

　トラウマとは，生命の危機に瀕するような事態に実際に遭遇したりそれを目撃したり，あるいは性的暴力などによって大きな精神的衝撃を受けたりすることによって生じる心の傷のようなもので，心的外傷と訳される。この心的外傷によって引き起こされるさまざまな症状を呈する障害は PTSD（Posttraumatic Stress Disorder）と呼ばれており，それには以下のような症状がある（日本トラウマティック・ストレス学会，2019）。

- トラウマの原因となる出来事が思い出したくないのにリアルに思い出され，まるで再びその場にいるような感じを覚える（再体験）
- トラウマを思い出させるような場所や人や状況を避けようとして日常生活に支障が出る（回避）
- 気分が落ち込んで暗くなり，何事も悪いように考えるようになった

り，明るい生き生きとした感情をもてなくなる（気分と認知の陰性
の変化）

● いつもイライラ，ピリピリしていたり，気分がとても変わりやすく
なったりする（覚醒度と反応性の著しい変化）

中でも児童虐待は，慢性反復性の危機であるためより深刻な外傷とな
り，それは複雑性 PTSD（Herman, 1992）あるいは DESNOS（Disorder of
Extreme Stress Not Otherwise Spicified ／特定不能のその他の著しいストレ
スに起因する障害）（van der Kolk, 2000）と呼ばれる障害を引き起こすこ
ともある。

治療的アプローチの前提——安心できる場の確立

すべてのトラウマへのアプローチの基盤として強調されているのは
「安心できる場の確立」である。James（1994）は，治療開始時に必要と
されるのは子どもの安全，保護的環境，治療的子育て，臨床的技術，治
療的関係の五つの条件であるとしているが，トラウマにアプローチする
際には，クライアントは安心できる安全な場で生活していて，心身とも
に守られていることが最も重要である。以下に紹介するものを含めた最
近の PTSD への治療的アプローチでは，生活の質の改善に力点が置かれ
ており，抑うつ，全般性不安，怒り，羞恥，自責などの PTSD 関連症状
の軽減や，生活の質の改善を治療のターゲットに含めるのが一致した見
解である（Foa et al, 2009）。

トラウマ・フォーカスト認知行動療法（TF-CBT）とは

近年，PTSD に関する治療ガイドラインは多くの機関から発行されてい
る（American Psychiatric Association, 2004 ; American Psychological Association,
2017 ; Foa et al., 2009 ; Institute of Medicine, 2007 ; National Institute for Health
and Clinical Excellence, 2018 ; Veterans Health Administration and Department of
Defense, 2017）。その中の一つ，国際トラウマティック・ストレス学会に

表 4-3　TF-CBT の基本理念／ CRAFTS（Cohen et al., 2017）

Components-based（構成要素に基づく）
Respectful of cultural values（文化的価値観を尊重する）
Adaptable and flexible（適応性があり柔軟性がある）
Family-focused（家族に焦点をあてる）
Therapeutic relationship is central（治療関係を中心に置く）
Self-efficacy is emphasized（自己効力感を高める）

（訳は白川・菱川・冨永（2014）を参照）

よる PTSD の標準的治療ガイドライン（Foa et al., 2009）では，エビデンスを有する種々の治療法が根拠とともに提示されているが，幼少期の性的身体的虐待や DV によるトラウマ歴のある患者に有効な治療法の知見は比較的わずかである，と注釈されている。とはいえ，児童青年期を対象としたトラウマに特化した認知行動療法（CBT）のいくつかは，PTSD やその他の症状の改善に高いレベルのエビデンスを有しており，最も効果的な介入法であるとされる。

　その治療法の一例として，ここでは**トラウマ・フォーカスト認知行動療法**（Trauma-Focused Cognitive-Behavioral Therapy : TF-CBT）を紹介する。エビデンスを有する認知行動療法には，PE 療法（Prolonged Exposure：持続エクスポージャー療法），認知プロセス療法（CPT：Cognitive Processing Therapy）などがあるが（Watkin et al., 2018），TF-CBT はトラウマ体験を抱える児童思春期の子どもとその親を支援するために開発された治療モデルであり（Cohen et al., 2017），CBT 的アプローチの中でも最も徹底して研究されていることが，ガイドラインで評価されている（Foa et al., 2009）。

　TF-CBT の核をなす基本理念は，CRAFTS という頭文字で示されている（表 4-3）。前述の James（1994）も，治療開始の必要条件 5 項目の中に，治療的関係を含めていたが，TF-CBT が最も重要視する要素も「治療関係」であるとされる。虐待を受けた子どもたちは，過去に大人との間で過酷な体験をし，大人や世間に対する不信感を抱いていることが多い。

表 4-4　TF-CBT の構成要素／ PRACTICE（Cohen et al., 2017）

Psycho-education and parenting skills（心理教育と養育スキル）
Relaxation（リラクセーション）
Affective modulation（感情調節）
Cognitive coping（認知的コーピング）
Trauma narrative（トラウマナラティブ）
In vivo mastery of triggers（トラウマ想起刺激の実生活における克服）
Conjoint parent-child sessions（親子合同セッション）
Enhancing safety and development describe the course content
（将来の発達と安全の強化）

したがって，治療者との間に信頼されている感覚や受けとめられている感覚を体験することによって，子どもの信頼感，楽観，自尊感情などの回復につなげることが目標となる（Cohen et al., 2017）。もう一つの特徴となるのは，「家族の関与」である。治療目標は親子相互の相互関係，コミュニケーション，そして親密さを改善することにあり，そのために子どもの治療に家族が関与することが勧められている（Cohen et al., 2017）。

　また，TF-CBT アプローチを構成する要素については，頭文字をとって PRACTICE と呼ばれている（Cohen et al., 2017）（表 4-4）。

　TF-CBT で大切にされていることは，PRACTICE の構成要素をこの順番通りに段階を踏みながら実施し，ゆっくりとトラウマに曝露することである。そして，PRACTICE の構成要素の実施を通して，下記のようなことが起こると，PTSD からの回復につながるとまとめられる。

①自分の心身の状態を適切に把握し，客観的にモニターできること
②自分の認知や感情を状況に応じて主体的にコントロールできること
③自分のいる環境で体の緊張がとけていて，安心感を抱いていること
④感情に圧倒されずに自分の経験を語ることができ，それを受けとめてもらえると感じていること
⑤家族との関係が取れていること

　PRACTICE の治療要素は，それぞれを単独で用いるよりは，パッケージにして用いたほうがより効果があるとのエビデンスがある。PRACTICE コンポーネントを徐々に取り入れながら，それぞれの子どもに合わせて，トラウマ体験についての話し合いを増やしていくというプロセスが重視され，その目的は，子どもと親が安全な環境の中で，心理的にも身体的にも圧倒されることなく自分のコントロール下で，トラウマを想起させるような刺激に耐えることができるようになることにある（Cohen et al., 2017 ; Foa et al., 2009）。

　TF-CBT では，このゆっくりとした段階的なプロセスが，子どもの心理的負担を軽減するために大切であると考える。これに対し，外傷後の心理的後遺症を予防する目的で広く知られている，心理的デブリーフィングという介入方法がある。そこでは外傷的出来事の直後に，トラウマ体験者に対して，体験を振り返り，体験した出来事を話し合ったり，体験にまつわる感情を表現したりすることが推奨されるが（Mitchell, 1983），この介入方法を単回の技法としてすべてのトラウマ体験者に実施するのは不適当である可能性があるとされる（Foa et al., 2000）。このように，急激なトラウマ記憶への接近や，体験の想起には慎重であるべきとされ，TF-CBT が強調するように，治療関係の構築や段階を追った準備を整える必要があると考えられている。

　児童精神科医として豊富な経験を持つ滝川（2017）は，虐待を受けた子どもの特徴を，外傷後ストレス障害（Posttraumatic Stress Disorder : PTSD）的な問題（記憶，覚醒水準，意識水準の不調），心理的問題（基本的信頼感の弱さ，怒りや攻撃的感情，愛情への飢え），そして発達的な問題（精神発達上の遅れ，反応性愛着障害，発達障害様の症状）の三つの角度から問題をまとめているが，トラウマ症状の治療は単独の要素からは成り立たず，心理的問題や発達の問題との相互影響を考えつつケアにあたることが必須である。

　PTSD の治療目標は，単に症状の除去に特化されたものではない。子どもが安全な場で，日常的ケアを提供する大人との関係を構築しながら，

生活上の課題や発達過程で生じる課題に取り組むプロセスが必要である。そこに家族との協働が重要であることを加えると，トラウマを抱えた子どもへの包括的なケアの場として，児童養護施設はまさに高い可能性を持っていると言える。なぜなら，先述のように児童養護施設は子どもの生活全体を支える場であり，家族が訪れる機会も多いからである。そこで次節からは，児童養護施設における子どものケアの現状と可能性について概観する。

児童養護施設における子どもへのケア

◉ 施設でのケアのメリット

深刻な虐待を負った子どもに対しては，病院やトラウマ専門の治療施設等においてトラウマ症状の軽減に焦点をあてた治療が施されることが重要であり，わが国においては一層強く，そのような治療施設や体制の拡充，専門性の向上が求められる。

一方，これまで強調してきたように，症状の軽減だけでなく，子どもの発達全体を視野に入れることも不可欠である。「有能で親身になってくれる身内や地域の大人とのつながり」や，そのつながりのなかで「日常生活がきちんと営まれること」や「生活の質の改善」が子どもの回復のために必要となる。ある程度の長期間，ケアを受けながら日常生活を過ごす場を子どもに提供することが重要である。このように考えると，児童養護施設は，PTSDや発達的課題を負った子どもたちの回復のためのケアの場として，比類ない機能を発揮できる可能性がある。

これは，児童養護施設に治療機関で行われるようなプログラムを導入することや，施設内の診察室や心理面接室で心理的ケアを行うことをただちに指すわけではない。

たとえば，PTSDの症状として，感情のコントロールに困難があり，些細なきっかけで怒りを爆発させて，暴力的な行動化をする子どもがい

たとしよう。まず最も大事なことは，子どもが暴力に至る心情に思いを
はせ，行動化につながる生育歴や家族歴など，子どもの育ちの背景を検
討することである。この理解抜きに，「暴力」や「行動化」の制止のみ
に焦点を当てたいかなるアプローチも，子どもの人生に意味ある変化を
もたらさないだろう。

　施設の外部の病院の診察室や心理療法室でも，そのような背景の検討
を踏まえて，日常生活では接することのない専門家と，「非日常的な空
間」の中で，子どもが自分の暴力的な行動を年齢に応じた方法で振り
返ったり，その対応法を援助者と子どもの間で検討するような心理援助
を行うことができる。従来の個別的な心理援助の利点と同様，このよう
に日常生活と切り離された，日ごろの対人関係や利害関係から独立した
場での援助には，そのことからくる安心感を提供できるというメリット
がある。

　一方，児童養護施設における心理的ケアの意義は，子どもたちが過ご
す日常生活で生じる出来事に馴染ませながら，回復につながるポイント
を子どもに伝えることにある。

　再三述べてきたように，PTSD を始めとする児童虐待による心的不調
へのアプローチは，子どもが現在の生活に安心感を抱いていることが前
提にある。行動や問題が生じる背景を理解しようと努め，そのような行
動を不本意ながら取ってしまう心情を踏まえた上で，暴力には毅然と対
峙し，自他への害が生じる行動は明快にたしなめてくれる大人たちが周
囲にいること，また，暴力をふるっているときも穏やかに過ごしている
ときも，変わらず一貫して自分のことを見て，対応してくれる大人たち
がいるという感覚を子どもが抱くことがまず肝要である。このような感
覚を提供できる環境が，やがて，子どもが自分で自分の行いを変えたい，
自分の行動や感情を自分で制御したいと思い始める可能性を生む。それ
は短期的に生じるとは限らず，数年以上の月日がかかることも多い。

　このような時期をすかさず捉えることができるのが，日常生活をある
程度の期間ともに過ごしながら，多職種にわたる多くのスタッフが子ど

もたちの様子を丁寧に観察している児童養護施設での心理的ケアの大きな利点である。

　他の利点を整理すると，第一に，施設内に専門家が子どもとともにいることで，日常生活場面のなかで，例えば怒りの爆発が生じそうなそのときに，その場で感情を鎮める言葉かけや手当てを探ったり，暴力的な行動をできるだけ速やかに鎮める方法をあれこれと試みたりすることができる。専門家のその場の介入によって怒りや暴力のコントロールができれば，自分の感情や行動を自分でコントロールできるという実感を子どもが持てる可能性が高まるだろう。子ども自身が一番自分の行動の制御が利かないことに困惑し，それに振り回されているのであり，この成功体験は他に代えがたいと言える。第二に，専門家と子どもが試みている方法を，担当ケアワーカーなど別のスタッフが直接見ることができ，施設全体でその後のケアに活かすことができる。第三に，専門家がその子どもと担当ケアワーカーらの生活場面を一緒に体感できるため，有効なコンサルテーションを期待できる。コンサルテーションとは，異なる専門性をもつ多職種のスタッフが，問題となっている援助対象について検討し，よりよいケアのあり方について話し合うことを指す。担当ケアワーカーを含む子どもを取り巻く施設スタッフ全体が専門性を高め，安定した関わりを継続することは，子どもに対する一貫したケアの提供につながるだろう。

◉ 施設における被虐待児へのケアの現状と課題

　では，上述のような可能性を持つ児童養護施設における子どもへのケアの現状はどのようなものだろうか。わが国においては，先述のように児童養護施設にケアまたは治療的機能が求められてからまだ日が浅く，そもそも児童養護施設が児童虐待の子どもたちの心理的ケアを担う場であるのかどうかという点においても議論が定まっていない。当然，わが国の施設に関する研究全体を見ても，児童虐待を受けた子どものケアをどのように行うのかといった点に関する研究は見当たらない。

　さらに心的不調を抱える子どもたちの心理的ケアを行うことを求められて配置された心理専門職たちも，その役割について模索している途中である。施設における心理的ケアの枠組みとしては，これまで種々のアプローチが試みられているが，大切とされる観点は大きく二つにまとめられている。最も重要なことは，これまで強調してきた通り，子どもが安心して暮らせる安全な環境を整えて，子どもの成長発達を支援することである。その環境が保障された中で，子どもの抱えるトラウマ的体験の整理をするという，狭義の心理療法的アプローチが試みられるとされる。トラウマを抱える子どもへの心理的支援の方法として，わが国に最も早く紹介された視点の一つである Gil（1998）の枠組みでは，前者は修正的接近（corrective approach），後者は回復的接近（reparative approach）と呼ばれる。その後のわが国における施設での心理士の役割に関する議論としては，心理士は，施設内の心理面接室で被虐待での傷つきをターゲットにした力動的心理療法を実施するのが役割であるとする立場や（鵜飼，2012；平井，2006），施設内に心理士がいる利点を大いに活かして，施設全体が保護的・治療的な子育ての環境となるように，心理職が場に関与して貢献できることを挙げ（田附・大塚，2018；内海，2013），日常の現実場面に参加しながら，施設の援助チームの一員であることを大事にする立場もあり（増沢，1999），どちらに軸足を置くかは，施設や子どものニーズや施設文化などによって決まっている。

　後者の立場は**環境療法**（Trieschman et al., 1962）という視点でまとめられている。環境療法では，治療施設においては子どもと大人の日常的なやりとりを治療的教育もしくは再教育の機会ととらえ，治療施設で生活する子どもにとって最も重要な大人であるケアワーカーとの関係を重視する。しかし，これまで見てきたように，さまざまな課題を抱える子どもたちは集団生活にも多くの課題がある。田附・大塚（2018）は，心理専門職が貢献できることとして次の二つの点を挙げている。一つは，施設内や家族内，教育機関，地域における関係性のアセスメントである。そしてもう一つは，そのアセスメントに基づいてケアワーカー，保護者，

教員，地域の人々，児童福祉の関係者らができることを共に見つけることである。

　課題を抱える子どもたちの集団生活の日常が安全な場となり，施設全体を安心な環境にするためには，子どもたちの状況の多面的な理解とそれに基づいた支援が必要であり，施設心理職が持つアセスメントやコンサルテーションの力は，大きく貢献できる可能性があるだろう。しかしながら，虐待を受けた子どもたちへの心理臨床的ケアに関する研究は，これまで事例研究が主であり，十分科学的，定量的な研究データが蓄積されていない。今後は，心理的ケアの長期的な効果を裏付けるデータの収集が望まれる。

◉ 海外の研究から見た施設ケアの効果

　続いて施設ケアに関する欧米の研究について概観するが，その前にまず，海外の社会的養護における施設養育は，わが国の施設養育のあり方とはかなり異なるという点を指摘しておきたい。大半の国では代替養育の第一選択肢は里親養育であり，わが国は世界的に見ると例外的に施設養育の多い国である。施設ケア（residential care）に関する欧米の文献を検討すると，施設入所はできるだけ避けるべき「最後の手段」（Stockholm Declaration on Children and Residential Care, 2003）であるとされている。施設ケアは，子どもの養育を保障できる水準にはないと見なされていたり（Dozier et al., 2012），中央ヨーロッパでは，施設が存在する意義は「里親によって提供される専門性を超える複雑で難しいニーズを持つ子どもたちに介入を行うことである」とされる（Geurts et al., 2012）。

　アメリカの施設には四つのタイプがあり，①治療的寄宿学校（therapeutic boarding school：情緒的成長と発達を目的とする学校併設の寮），②入所型治療センター（当事者型・自治体導入型の2種があり特定の精神疾患や行動上の複合的な課題を抱える子どもたちに入所型の治療プログラムを行う），③短期プログラム（物質濫用を対象とするのものと治療

意欲のない者を対象とする原生地域療法（wilderness therapy）），④閉鎖施設（lockdown facilities）があげられている（Christenson & Gutierrez, 2016）。

　これらは，わが国に置換すれば児童心理治療施設や精神科病棟，あるいは特定の目的を持った治療施設に近いと言え，児童養護施設とはかなり異なる。つまり多くの国では，施設は里親養育やほかの治療の場で幾度も不調となった子どもたちが最終的に保護される場としての機能を有し，何らかの専門的治療プログラムが提供されている。

　なお，子どもの育ちにとって里親養育のような家庭的環境が望ましいのか，あるいは施設養育にも好ましい点があるのか，という議論は，わが国においても子どもの心身の発達への影響はもちろんのこと，職員体制に関する問題，建物の構造的観点や財源に関するものなど，さまざまな立場からの意見があり議論が続けられている（全国児童養護施設協会，2010；2017；浅井・黒田，2018；厚生労働省，2017c）。本章では，里親か施設かといった社会的養育の場の選択に関する観点というよりは，後述の通り子どもの養育環境の一貫性に重きを置いた視点を提示したいと考える。

　さてここから，欧米における施設ケアに関する研究を概観していこう。Knorth ら（2008）は，1990 年から 2005 年の間にアメリカ，オランダ，オーストラリア，カナダ，フィンランドなどで実施され，一定基準を超えた 27 の研究を対象に，施設入所ケアの効果に関するメタアナリシスを行っている。対象となった子どもは 12 歳〜18 歳の 2,345 人であり，不安や感情統制などの内的な問題や，暴力や非行，不登校などの外的・行動上の問題を呈していた。

　主要な結果としては，施設ケアを受けた子どもたちは，社会心理的機能が平均的に向上していることが見出された。特に，内的問題より行動上の問題に改善が見られたことや，同一の問題を抱えている場合，在宅で治療を受けるよりも施設で受けたほうがより効果が大きかったことが明らかになった。実施されている治療プログラムは多様であるが，その共通要素を見ると，行動療法の要素を含んでおり，家族を対象に含めて

いることが，（少なくとも短期的には）施設ケアにおける肯定的な結果を導くことが報告されている。しかし，もともと Knorth らは，施設が「最後の手段」で，できれば避けたい場所としてとらえられていることへの違和感からこの研究を始めたと記しており，著者らの有する施設ケアへの態度がバイアスとなっている可能性が無視できない。さらに，そのようなバイアスを最小限にするためのシステマティック・レビューの手法を用いていない旧来の文献レビュー（ナラティブ・レビュー）であるため，いくつかの問題が指摘されている。たとえば，対照群を有する研究を対象としていないために効果量などの情報が不足していること，また施設退所後数カ月の短期的な効果は認められるが，長期的な効果についての情報に乏しいことなどが指摘されている（De Swart et al., 2012）。とはいえ，行動と家族（環境）へのアプローチが必要であるといった示唆は重要である。

EBT と CAU——回復を支えるものは?

　施設ケアに関するシステマティック・レビューとしては，De Swart ら（2012）が，過去 30 年間に主に北アメリカで実施された 17,038 人の施設入所児を対象とした 27 の対照研究のメタアナリシスがある。そこでは，子どもの非行や問題行動，心理教育的スキル等の改善に関して，どのような条件での社会的養育に効果があるかを検討している。比較された条件は，(1) EBT (evidence based treatment：認知行動療法やスキルトレーニングなど，エビデンスに基づく治療) を実施している施設ケア，および施設以外の社会的養護ケア（里親養育など：非施設ケア），(2) 治療プログラムではなく通常のグループケア (CAU：care as usual) を提供する施設ケアと非施設ケア，(3) CAU の施設ケアと EBT の非施設ケア，(4) EBT の施設ケアと CAU の施設ケア，の四つであった。結果は，最後の (4) のみに有意な差があり，EBT を実施している施設は，通常のグループケアの施設と比較して，小から中程度の有意な効果 ($d=.34$) が見られた。ほかの三つの比較ではすべて，有意な差は見られなかった。全体

としては，子どもたちは施設ケアにおおむね肯定的に反応し，心理的ウェルビーイングの改善が見られたと報告されている。

　わが国の児童養護施設の特徴の一つは，海外の施設のように治療に特化していないことであり，いわばCAU（通常のケア）を提供しているにもかかわらず，特別なケアへのニーズを有する子どもたちが多くおり，実際には治療的機能が必要とされていることにある。De Swart ら（2012）の結果からは，施設での治療的ケア，すなわち EBT（エビデンスに基づくケア）の実施に一定程度の効果があることが示されたが，問題行動などを呈している子どもに対しては，施設以外での EBT では効果が定まらないこともわかった。EBT の効果を高めるためには，施設での生活の何かが必要なのかもしれないが，ここではその内容は検討されていない。CAU の施設と EBT の非施設との比較に，効果の有意な差が見られないとすれば，治療プログラム以外の通常の施設ケア自体にも，子どもの改善につながる何らかの意味があるのかもしれず，さらなる検討が必要である。

　このことは，わが国の児童養護施設における被虐待児へのケアを考えるうえで示唆的かもしれない。わが国の児童養護施設において，各種の治療プログラムが系統的に実施される頻度は少なく，その効果の全体的な分析はなされていない。また冒頭に児童養護施設の歴史において述べた通り，わが国ではそもそも児童養護施設は子どもの養育のための施設であるので，治療プログラムを直ちに直接的に導入する施設文化が整っているとも言えないし，その人的資源も乏しい。効果があるとされる治療プログラムを実施できる施設と，その体制をよりいっそう整えることは強く求められるが，現状においては，通常の施設でのケアの中で，子どものケアの効果向上を目指すことも求められる。

　施設でのケアの中で行えることの一例として，ここでは子どもの意思決定の尊重について提示しておこう。児童虐待の本質はその定義から，親による子どもの人権の濫用あるいは無視である。入所前の家族においても，入所の決定に際しても，子どもは主体性を奪われる経験を免れな

い。施設内の子どもの意思決定に関する 16 の研究結果のメタアナリシスからは，施設での生活に関する意思決定に子どもを関与させることが，施設ケアの効果を高めることが報告されているが，実態としてはその場面は乏しいことも明らかになっている（ten Brummelaar et al, 2017）。たとえば，さまざまな課題を抱える子どもの集団生活を成り立たせるには，いろいろな規制や枠組みを設定することがある程度必要であるが，その中でもルールを話し合って決めていくことは可能かもしれないし，また後述するように，自分と家族との関わりについて自分で決めていくことも，子どもの主体性の保障につながると考えられる。

安定した養育環境

そして子どもの社会的養護を考える際に何よりも重要なことは，治療プログラムの有無や社会的養護の場にまつわる是非を超えて，一貫して安定した養育環境を提供することにある。2001 年から，ルーマニアで行われた大規模な縦断研究である「ブカレスト早期介入プログラム（Bucharest Early Intervention Project : BEIP）」は，施設入所中の生後 6～31 カ月（平均 22 カ月）の乳幼児 136 名を対象に行われた（Zeanah et al., 2003）。入所児に全般的なアセスメントを行ったうえで，施設入所の継続（施設入所群）か，里親家庭への移動か（里親群）にランダムに振り分け，さらにまったく施設入所経験のない子どもたちを対照群として加えた。里親群は当初，BEIP の支援を受け，専門性を保障された里親に育てられた。12 年間の追跡調査が行われ，言語発達，社会情動，脳の構造・機能，精神病理の症状の発現等に関する検討が行われた。結果としては，里親養育群のほうが施設養育群より，養育者との間の愛着関係や内的な障害（不安障害やうつ病）をはじめとして，多くの改善が見られたものの，たとえば反抗挑戦性障害・素行障害などの外的・行動上の障害では，改善の差が見られなったといった結果が得られた（McLaughlin et al., 2012）。また実際には里親養育と言っても，里親の質の点で差があり，BEIP の支援下にあり，訓練やスーパーバイスを受

けて専門性を保障された里親もいれば，研究プロセスの途中から加わっ
た，なんら専門性を保障されていない公的制度下の里親もいて，かなり
のバラつきが出てきたとされ（Humphreys et al., 2015），さらに，12 年間
の経過の中で，質の高い里親家庭にずっといた子ども（安定里親群）も
あれば，別の里親家庭へ移動していたり（不安定里親群），施設入所と
なったりして，養育の一貫性が途絶している子どもたちもあり，この
ことが結果に影響を与えていることもわかった。たとえば，Humphreys
ら（2015）による，BEIP 対象児 110 名の 12 歳時点でのフォローアップ
研究では，外的な障害の症状についての得点（各児の養育者に対して子
どもの行動特性等を尋ねる構造化面接（Diagnostic Interview Schedule for
Children 4th : DISC-IV）に基づいて得られた得点）は，安定里親群は不
安定里親群に比して低く，外的な障害の程度が低いという結果であり，
特に女児の場合には統制群（通常家庭で育った子ども）と同程度に低
かったが，不安定里親群は，通常施設群よりもスコアが高いという結果
が見られた。

　そのような結果を踏まえた上で，この研究で子どもの回復を支える環
境の核として見出されたポイントは，長期にわたる援助的介入に重要
なのは「**養育の安定性**（stability）」である，ということだった。久保田
（2018）は，「最も要となることの一つは，子どもの心身の発達における
『養育の個別性，一貫性，持続性の重要性』である。（中略）問題は，『施
設か里親か』というような形態の問題以上に，養育担当者（や里親）の
質の高いケアの個別性，一貫性と持続性の保障が重要であることは言う
までもない」とまとめており，浅井・黒田（2018）も，「施設養護か里
親制度か」の対立軸を超えた議論の深まりの必要性を指摘している。

　以上の結果からは，わが国の児童養護施設が従来から有する「養護」
という機能，子どもの心身を当たり前の生活の営みの中で長期間育てる
機能は，それ自身が，心的不調や傷つき・問題行動や症状への治療・ケ
ア機能を有することが示唆される。一貫した養育環境をいかに保つかが
ポイントであり，この点をめぐって養護と治療・ケア機能のさらなる融

合が模索され，わが国固有の状況を踏まえた一貫したケアのあり方の追及が続くことが期待される。

児童養護施設における家族へのケア

◉家族療法と家族システム論

さて，これまで施設における子どもへのケアについてまとめてきたが，もう一つ重要なケアの対象がある。それは虐待が生じた家族である。現在，多くの研究で，施設入所児の親や家族への心理的支援は，子どもへの支援の効果を高めると指摘されている（Carrà, 2012 ; Geurts et al., 2012 ; Geurts, Noom, & Knorth, 2011 ; Knorth et al., 2008 ; Landsman et al., 2001）。Carr（2016, 2019）は，**家族療法**のエビデンスに関して「メタアナリシスのメタアナリシス」をしているが，児童虐待の効果的なセラピーの要素として，個人を対象とするのではなく家族を対象としていること，構造化されていること，そして少なくとも6カ月以上継続していることを挙げている。

虐待の種類別では，身体的虐待とネグレクトには，認知行動療法的家族療法（Kolko & Swenson, 2002）や親子関係調整療法（Parent-child interaction therapy : PCIT）（Eyberg, 2008），またマルチシステミックセラピー（Henggeler, 2012）が有効であるとされており，性的虐待に対するエビデンスある介入法としてはすでに紹介したTF-CBTが挙げられている。また子どもが家族とともに暮らすことができる（狭義の家族再統合）ためにも，親子関係のつながりを作る作業や，家族に焦点をあてた介入に効果があるとされる（Toth et al., 2013）。

これまで，児童虐待に関する家族への介入は，親の養育スキルに焦点があてられていた。そこでは，親の養育態度や行動が改善すれば，あるいは子どもを不適切な養育環境から分離すれば，子どもの状態も変わるだろうと仮定されていた。しかし，現在種々の研究から，単なる分離や

親と子の二者関係に焦点をあてた介入は，子どもの状態の改善を保障できないことがわかっており，家族全体の関係性に焦点をあてる要素が不可欠であるとされる（Toth et al., 2013）。

　家族支援と聞くと，心理臨床の知見からは，家族療法の適用が効果的ではないかと思いつくかもしれない。しかし，家族療法は介入法としてそれ単体でエビデンスがあるわけではなく，さまざまな治療プログラムが重視する考え方の土台として埋め込まれる形で存在している（Foa et al., 2009）。家族療法は，数々の特徴的で独創的な介入スキルを有するが，その基盤にあるシステム論や関係性への着目という臨床的認識論こそが有用なのである。

　施設入所児が呈する問題行動は，個人の病理ではなく家族関係に問題があることの表れであることが多いとされるが（Lyman & Campbell, 1996），この考え方は**家族システム論**を背景とする人間理解に基づいている。家族システム論では，家族とは，家族メンバー個人の単なる集まりではなく，家族自体が一つの意味あるまとまり（＝システム）であるととらえられており，家族システム内で問題を呈している人は，IP（Identified Patient）と呼ばれる。これは「患者と見なされている人」という意味で，周囲からはこの人が問題を持つ人だととらえられているが，実際には問題や症状はその人個人の中にあるのではなく，その起源が家族をはじめとする環境やシステムとの相互関係の中にあると考えるのである。IP は，いわばこの家族に何らかの不調があることを伝える役割を担っているので，個人の問題の解消をめざすのではなく，家族システム全体を視野に入れた調整を行う必要がある。たとえば，単に被害を受けている子ども一人を保護しても，それまでに被害を受けていなかった別の子どもが次の対象となる事例は後を絶たず，厚生労働省（2013b）による「子ども虐待による死亡事例の検証結果等について（第 9 次）」には，虐待を受けたとされる IP が一時保護されている間に，別のきょうだいが虐待によって死亡したとされる悲惨な事例があることが報告されている。

システミックな見立てと介入

　家族内の何らかの変化は，他の家族成員やシステム全体に影響を及ぼすことが避けられない。悪い変化はもちろんのこと，良い変化であれ同様である。

　一つ例を挙げてみよう。たとえば，幼児期の子どもをしつけようという意図で身体的虐待を行った母親がいたとする。父親は継父であったが，子どもとの関係は良好で，逆に過剰なしつけをする母子の間を取り持つ役割を担っていた。そこで支援機関としては，変化すべきは母親であると考え，母親が養育スキルを向上するプログラムに参加することになった。経過の中で母親の養育スキルは向上し，プログラムのスタッフに褒められて自信をつけ，子どもは母親に安心してなつくようになった。子どもにとっても母親にとっても望ましい変化である。しかしある日，継父が家を出てしまった。その結果，母親一人では子どもの養育は困難であると判断され，子どもは一時保護されることとなった。

　父親はなぜこのような行動を取ったのだろうか。継父自身の生育歴をたどるアセスメントから，継父は両親が不仲な家庭に育っており，親の話を双方から聞き，その仲を取り持つことが家族の中での自分の役割であったようだ。自分が作った新しい家族でも同じ役割を担っていたが，母親の養育スキルが向上したことによって，親子関係の仲介役としての役割を失ったように感じたのかもしれない。また，夫婦の関係性からのアセスメントでは，母親の関心が子どもに向かうことによって，夫婦の関係に変化が生じ，継父はその変化に対応できなかったのだとも理解できる。それまで，課題は抱えながらも家庭内で子どもが育ってきたのには，継父の存在は大きかっただろうし，これから新しい母子関係とともに新たな家族関係を形作ることもできるはずである。しかし継父にそのことを伝える人はおらず，話し合ってくれる人もいなかった。

　このような事例では，母親への養育スキルの訓練とともに，その介入の効果によって生じうる良い変化や悪い変化を含めた，家族システム全体の評価が不可欠であり，父親へのサポート，あるいは両親合同での面

談が必要となる。以上のように，たとえば親子交流を促進するようなプログラムを組んでも，あるいは親自身の生育歴に由来する心的機微に焦点をあてても，それらが過去や現在の家族全体の関係性失調のどの部分と関連しており，特に養育不調にどのような影響を与えており，回復すると家族成員や家族全体にどのような影響を与えるのかといった総合的な見立てなしには，効果的な支援になりえない。システミックな見立てと介入が必須なのである。

　また，家族システム論は，個人から問題が起きている家族全体へと視点を単に拡大するのみではなく，家族を取り巻く環境全体や関係性全体（祖父母，親戚などの拡大家族，友人，学校，会社，地域などのコミュニティ，社会，国家など）を視野に入れることも強調する。さらに，家族もまた個人同様に発達する存在であり，多世代にわたる情緒的な遺産を受け渡していくような歴史性を有する存在であると理解する。そこでは，児童虐待が生じた家族や親のみを「悪者」として非難したり疎外したりするのではなく，彼らが社会の中で不遇な状況にあることや，親自身や子どもの疾病や障害など，生物学的な負荷がかかっている場合も多いこと，親もまた過去の子どもであり，家族の歴史の負債を背負っているかもしれないこと，また変化可能性があることを理解の枠組みに含める。このような理解抜きに，単に間違っているから，悪いからといって変化するようにと迫られても，親の養育行動や家族のあり方は変わらないだろう。

施設ケアへの示唆

　現在のわが国における心理臨床的アプローチは「個人心理療法」を主軸とし，クライエントを一個の主体的存在とみなし，その主体との「共同作業」として問題解決を図ろうとする思想が基本にある。このため，セラピストとクライエントの二者関係作りに力を注ぎ，個人の心的世界の変化に焦点をあてた心理療法を目指す傾向にある（滝川，2004）。しかし，家族内の何らかの不調の表れとして児童虐待をシステム的に理解

した場合，家族との協働作業に取り組む際には，家族療法が持つシステ
ミックな視点も欠かせない理解の土台となるのである。システミックな
介入法とは，個別具体的な「技法」ではなく，心理専門職の認識や態度
である。人はエコシステムの中で，生物・社会・心理的に多様な相互作
用のもと，成長発達しながら生きていること，人も家族も基本的に変化
可能であるという健康さを信じること，家族のメンバー間や家族と支援
者間のパワーバランスへの敏感さを保ちつつ，個人や家族と協働する姿
勢を持つこと，そして心理教育や認知や行動へのアプローチを活用する
こと，などが重要視される（平木，2010）。

　システミックアプローチ全体の詳細については，家族療法と個人療法
の統合に関する成書があるが（平木，2010；中釜，2010），児童養護施
設において，子どもの家庭復帰のための効果的な介入の要素に関する研
究結果にも，統合的でシステミックな要素が含まれている。Maltais ら
（2019）は，2,996 家族を対象とした八つの研究のメタアナリシスを行い，
親の治療への関与を促進し，子どもが家族と再びともに暮らすことがで
きるようにするために，最も効果的な介入の要素は何かを分析した。そ
の結果，親子双方が親子の関係性に関するコントロール感を抱き，自分
自身の内側と親子の間の関係性の両方に，安心感と自信を（再）獲得す
ることを目的とした，「家族中心支援」と総称されるプログラム群が有
効であり，その中には教育的要素（親子関係や養育スキルに関する実践
的で教育的な知識）があること，ソーシャルサポート的要素（施設から
家庭的環境への移行を支える存在や家庭訪問をしてくれる存在）がある
こと，問題解決的要素（セッション中に親や子どもが達成したことを取
り上げる）があることの三つの要素が含まれていた。ここには，心理教
育の実施，関係性の重視，変化可能性への着目，ソーシャルワークとの
協働など，システミックなアプローチの要素が見てとれるだろう。

◉施設における家族へのケアの条件

　後述するように，児童虐待ケースに関して，わが国ではそもそも施設

において家族を含めてケアが実施されることが少なく，海外でも1950
〜60年より前は，家族は子どもに害を与えるものであると見なされ，
子どもへのケアの場から遠ざけられていた（Spencer et al., 2010）。しかし
現在，家族への支援は，施設における子どもへのケアとその良好な予後
に不可欠な要素であるとされている。本章でもトラウマを抱える子ども
に対して有効とされるケアの要素の中には，必ず家族の関与が入ってい
ることを確認してきた。TF-CBTの中心的価値の中には，Family-focused
（家族に焦点をあてる）が挙げられており，家族が子どもの内的・外
的問題行動の治療に関わることの意義が強調されていたし，Knorthら
（2007）のメタ事例研究では，肯定的効果が見られた治療プログラムに
は家族中心の要素が含まれていることが示されていた。また，発達精神
病理学の知見は，家族は子どもの最大のリスクファクターの一つである
が，最大の回復の支えともなりうることを提示していた。

　しかし，現実問題として，施設における子どものケアに家族の関与を
促すことは大変難しい。単に家族が施設を訪れたり，電話などで連絡を
取ったとしても，子どもの問題行動や予後と関係がないか，むしろ悪化
することが指摘されており，家族が施設を訪問することをより良い機会
にする工夫が必要なことが報告されている（Huefner et al., 2015）。

　Poteら（2019）は，親が家族支援を受けやすくするための要件を探索
するために，79の研究をレビューした結果，まず援助内容が対象者の
ニーズ，困っていること，そして生活状況にしっかりとマッチしている
ことを挙げている。Nickersonら（2004）のレビューにおいても，シス
テミックアプローチや，家族が潜在的に持つ良さや強みに力点を置いた
ストレングスベースのアセスメントと支援，またソーシャルネットワー
クを活かした支援モデルが有効であることが提示されている。前節で挙
げたMaltaisら（2019）では，子どもの家庭復帰を高める介入要素に加
えて，親が治療に最も積極的に関与した介入の要素についても分析して
いるが，それは目的がはっきりとした介入の要素であり（$d=.71$），目
的の明確な支援に参加した子どもは，その他の子どもに比べて2.5倍の

頻度で家庭復帰をしていた。さらに分析すると，これは家族を中心にすえた支援プログラムの場合に高い効果を有しており（d＝1.08），個人への支援の場合には弱い，あるいは効果のない要素であると示された（d＝.35）。このように，施設ケアにおける家族支援の重要性を確認する研究結果は続々と積み上げられている。

◉ わが国における施設での家族支援の現状と可能性

　以上まとめたように，被虐待経験を有する子どものより良い回復を望むならば，家族に対する心理社会的支援を実施することは，不可欠であるように思われる。しかし，心理専門職による児童養護施設で暮らす子どもの家族支援に関する研究は，実践報告や単一事例研究を除いてわが国ではほとんど見られない（田附，2012b）。菅野（2017）は，児童養護施設で暮らす子どもの家族再統合に向けた一時帰宅に着目し，子どもにどのような影響を与え，そのための支援はどうあるべきなのかという点について，事例考察を含めた検討を行っている。プログラム化された家族支援に関する研究（野口，2008）を除いては，国内で数少ない研究であろう。

　そもそも，現状としては，わが国において実際に家族への支援を実践している施設には限りがある。特に，心理的援助の中核を担う可能性のある心理職が，その専門性を活かして家族支援を実施している施設はきわめて少ない。田附（2012a）は2010年に当時の全国の児童養護施設を対象に，施設における家族支援の実態に関する全国調査を行った。対象は，全国の児童養護施設（2010年6月現在579カ所）の家族支援を担当している職員及び心理療法担当職員（心理職）であった（n＝309）。家族支援の一端を担うはずの心理職であるが，家族と直接会って心理的支援を行っている者は11.1％にとどまり，6割以上はアセスメントや関係者会議への参加などの間接的な家族支援にも関わっていないことがわかった。一方，家族支援に対するスタンスを問う項目では，「心理職は家族支援に関わったほうがよい」には86.1％，「自分は家族支援に機会

があれば関わりたい」には 77.3％が同意していることがわかった。同時にファミリーソーシャルワーカー（FSW）などの家族支援担当者へのアンケートを実施しているが（*n*＝227），「心理職が家族支援に関わることへの期待」を問うたところ，約 75％が心理職の関与に期待していた。すなわち，心理職は現状として家族支援実践に関わることはできていないが，強い関心を抱いており，また FSW たちも心理職の関与に大きな期待を寄せていることがわかったのである。

　ではなぜ児童養護施設において，心理職による家族支援が行われないのだろうか。その理由を心理職による自由記述，および 2012〜2015 年にかけて行った心理職に対するインタビューから分析した結果，①非常勤勤務であることや子どもの心理療法の多さなどに由来する時間の不足などの勤務体制の問題，②子どもの個人面接への悪影響の懸念，③虐待が生じた家族の親に会うのに必要な専門性への自信のなさ，④施設内の他職種が行っているから，などの回答があった（田附，2012b）。率直に「何をしたらよいのかが見えない」などの回答も見られた。

　児童養護施設の心理職は，「20 歳代」で「経験年数も 3 年程度」であることが多く（井出，2010；加藤，2002），児童養護施設で出会う困難な生活的・心理的背景を持つ保護者に心理的援助を行うには，何らかの指針やモデルが必要なのだろう。児童養護施設における心理職の（そして他の職種の）勤務体制の手薄さは改善を強く求めるべき問題であり，その取り組みは今後一層求められよう。その一方で，現場の心理職の大半が「行ったほうがよい」と考え，「機会があれば関わりたい」と考えている心理職による家族支援について，現状の中でできることを検討するという方向性もまた求められる姿勢であろう。「何をしたらよいのかが見えない」心理職に対して，支援の方向性を示す研究の蓄積が早急に求められるが，一方で，課題となっているのは，制度や勤務体制上の問題，あるいは心理専門職の研鑽の機会や量の不足のみならず，心理専門職の認識や態度が，個人の心理内界への限られた関心にとどまる傾向があることだろう。関係性やシステムへの目配りや，各種の客観的な

指標やデータをもとにした人間理解や支援，他職種との協働的で開かれた態度など，子どもの全体像との関わりの視点に乏しい傾向が依然として残っているのだ。初期教育の時点から，卒後の現場のニーズに応じて，種々のアプローチに視野が広げられるように，バランスの良い教育体制やカリキュラムの整備を構築するなどの模索が必要だと思われる。

◉ 家族のいない子どもたちの支援と内的家族像

　これまでは家族と分離されて施設で暮らすようになった子どもとその家族の支援について述べてきたが，最後に家族のいない，あるいは家族との交流が持てない子どもへの支援についても触れておきたい。

　施設における家族支援が中核的に目指すのは，生涯にわたる子どものより良い生活の保障であり，そのための基盤となる子どもの**内的家族像**の安定である。片山（2015）は，自分がどのような家族のもとに生まれて，どのような経過を辿って施設に入所して，この先どういった見通しがあるのかを知ることは，ときに子どもにとってつらい面も含まれるかもしれないが，自分の人生を主体的に生きるための足場を固める必須の作業であるとしている。施設入所児の家族支援にとって重要なのは，子どもが今後生きる基盤となる自分の家族観，自分の生まれ育ちに関するイメージを少しでも肯定的なものにするための援助であり，そこには自分が入所に至るまでの家族の背景への理解を進め，自分と家族のこれまでや今後の関わりに関する心理的あるいは物理的に適度な距離感を把握することなどが含まれる（田附，2012b）。

　家族と直接会うことができる子どもの場合，このような家族の内的家族像を構築あるいは修正するための援助プロセスは，家族との交流や家族支援の場を活かして展開されるが，会うことができない子どもに対しても同様に重要である。子どもとの個別心理面接において，子どもが語る家族をめぐる出来事や思いを聞いて整理することを試みたり，たとえば，入所前に育った地域について調べてみる，訪れてみる，育つ過程でかかわった人と出会ってみるなどの作業を，ケアワーカーや FSW とと

もに実施することもある。自分の過去をも含めて自分をよく理解してくれる援助者に支えられることは，自分の人生を連続したものとしてとらえることを可能とし，そのことがやがては未来を展望する力となる（四方他，2009）。

　子どもたちが，自分の歴史を一貫性・連続性を持って実感し，子ども自身が自分の人生を肯定的に語ることができるようになるための取り組みを手助けするライフストーリーワーク（楢原，2015）や，ある種の家系図を用いて，子どもが自分の過去や現状を，家族の歴史性と関係性の視点から理解することを助けるジェノグラムセッション（大塚，2014）などもその一環であろう。各種の縦断的研究が明らかにしてきた，逆境的環境から回復する子どもに必要な要素は，家族との良い関係に限定されるのではなく，教育環境の一貫性や連続性であり，その中でも親身になってくれる身内や地域の大人とのつながりであった（Masten, 2001）。児童養護施設のスタッフはその一員になりうるのである。

　これら内的家族像への支援は，子どもの健全な発達を支えるためにきわめて大切であるが，長期的にどのような効果をもたらすのか，子どもの生涯発達における適応や生活の質の向上にどのような貢献をするのか，といった研究もわが国では見あたらない。このような視点からの研究も必要であろう。

追記：本章の内容は「養育不調が生じた家族への心理的支援の検討：児童養護施設における心理士による家族の支援の意義」（博士学位論文 2020 年首都大学東京の一部）に加筆修正したものである。

文　　献

愛知県（2002）家族再生のための地域型家族支援マニュアル.

American Psychiatric Association（2004）*Practice Guideline for the Treatment of Patients with Acute Stress Disorder and Posttraumatic Stress Disorder.* American Psychiatric Publishing.

American Psychological Association（2017）*Clinical Practice Guideline for the Treatment of Posttraumatic Stress Disorder (PTSD) in Adults.* American Psychological Association.

浅井春夫・黒田邦夫（2018）〈施設養護か里親制度か〉の対立軸を超えて：「新しい社会的養育ビジョン」とこれからの社会的養護を展望する．明石書店．

Asmussen K, Law J, Charlton J, Acquah D, Brims L, Pote I & McBride T（2018）*Key competencies in early cognitive development : Things, people, numbers and words.*（https://www. eif.org.uk/report/key-competencies-in-early-cognitive-development-things-people-numbers-and-words）（2019 年 6 月 14 日閲覧）

Bowlby J, Ainsworth M, Boston M & Rosenbluth D（1956）The effects of mother-child separation : A Follow-up study. *British Journal of Medical Psychology banner,* 29（3-4）; 211-247.

ブリッジフォースマイル（2013）全国児童養護施設調査 2012：施設運営に関する調査．（https://www.b4s.jp/_wp/wp-content/uploads/2013/05/3233127440685006bd003400b115b bc5.pdf）（2019 年 6 月 18 日閲覧）

Burnam MA, Stain JA, Golding JM, Siegel JM, Sorenson SB, Forsythe AB & Telles CA（1988）Sexual assault and mental disorders in a community population. *Journal of Consulting and Clinical Psychology,* 56（6）; 843-850.

Carr A（2016）How and why do family and systemic therapies work? *Australian and New Zealand Journal of Family Therapy,* 37 ; 37-55.

Carr A（2019）Family therapy and systemic practice for child-focused problems : The current evidence base. *Journal of Family Therapy,* 41 ; 153-213.

Carrà E（2012）Residential care : An effective response to out-of-home children and young people? *Child & Family Social Work,* 19（3）; 253-262.

Caspi A, McClay J, Moffitt TE, Mill J, Martin J, Craig IW, Taylor A & Poulton R（2002）Role of genotype in the cycle of violence in maltreated children. *Science,* 297 ; 851-854.

Christenson JM & Gutierrez DM（2016）Using Qualitative, Quantitative, and Mixed Methods Research to Promote Family Therapy with Adolescents in Residential Settings. *Contemporary Family Therapy,* 38（1）; 52-61.

Cohen JA, Mannarino AP & Deblinger E（2017）*Treating Trauma and Traumatic Grief in Children and Adolescents.* Guilford Press.（白川美也子・菱川愛・冨永良喜監訳（2014）子どものトラウマと悲嘆の治療：トラウマ・フォーカスト認知行動療法マニュアル．金剛出版）

Cummings EM, Patrick TD, Susan B, Campbell E（2002）*Developmental Psychopathology and Family Process : Theory, research, and clinical implications (1st ed.).* Guilford Press.（菅原ますみ訳（2006）発達精神病理学：子どもの精神病理の発達と家族関係．ミネルヴァ書房）

De Swart J, Van den Broek H, Stams G, Asscher JJ, Laan P, Holsbrink-Engels GA & van der Helm P（2012）The effectiveness of institutional youth care over the past three decades : A meta-analysis. *Children and Youth Services Review,* 34 ; 1818-1824.

Dowdney L, Skuse D, Rutter M, Quinton D & Mrazek D（1985）The nature and qualities of parenting provided by women raised in institutions. *Child Psychology & Psychiatry & Allied Disciplines,* 26（4）; 599-625.

Dozier M, Zeanah CH, Wallin AR & Shauffer C（2012）Institutional care for young children : Review of literature and policy implications. *Social Issues and Policy Review,* 6（1）; 1-25.

Eyberg S（2008）Parent-child interaction therapy. *Child & Family Behavior Therapy,* 10 ; 33-46.

Foa E, Keane TM, Friedman MJ & Cohen JA（Eds.）（2009）*Effective Treatment for PTSD (2nd ed.) : Practice guidelines from the international society for traumatic stress studies.* Guilford Press.（飛鳥井望監訳（2013）PTSD 治療ガイドライン第二版．金剛出版）

Geurts EMW, Boddy J, Noom MJ, Knorth EJ（2012）Family-centred residential care : The new reality? *Child & Family Social Work,* 17（2）; 170-179.

Geurts EMW, Noom NJ & Knorth EJ（2011）Parental involvement in residential child care : Helping parents to provide a secure base. *Scottish Journal of Residential Child Care,* 10（1）（https://pdfs.semanticscholar.org/d4a8/0d2cf846e94d510f5c13f05d161716c05060.pdf）（2019 年 6 月 21 日閲覧）

Gil E（1991）*The Healing Power of Play : Working with abused children.* Guilford Press.（西澤哲（1997）虐待を受けた子どものプレイセラピー．誠信書房）

Goodman R（2000）*Children of the Japanese State : The changing role of child protection institutions in contemporary Japan.* Oxford University Press.（津崎哲郎訳（2006）日本の児童養護：児童養護学への招待．明石書店）

Green AH（1978）Self-destructive behavior in battered children. *The American Journal of Psychiatry,* 135（5）; 579-582.

Henggeler SW（2012）Multisystemic therapy : Clinical foundations and research outcomes. Psychosocial Intervention, 21（2）; 181-193.

Herman JL（1992）*Trauma and Recovery.* Basic Books.（中井久夫（訳）（1999）心的外傷と回復〈増補版〉．みすず書房）

平井正三（2006）日本の現場から：ポスト・クライン派精神分析になにができるか．（平井正三・鵜飼奈津子・西村富士子監訳）被虐待児の精神分析的心理療法：タビストック・クリニックのアプローチ．pp.205-208, 金剛出版．

平木典子（2010）統合的介入法．東京大学出版会．

Huefner JC, Pick RM, Smith GL, Stevens AL & Mason WA（2015）Parental involvement in residential care : Distance, frequency of contact, and youth outcomes. *Journal of Child and Family Studies,* 24（5）; 1481-1489.

Humphreys KL, Gleason MM, Drury SS, Miron DM, Nelson CA, Fox NA, & Zeanah CH（2015）Effects of institutional rearing and foster care on psychopathology at age 12 years in Romania : Follow-up of an open, randomised controlled trial. *The Lancet Psychiatry,* 2 ; 625-634.

井出智博（2010）児童養護施設・乳児院における心理職の活用に関するアンケート

調査集計結果報告書．平成 21 年度科学研究費補助金（21730482）.

Institute of Medicine（2007）*Treatment of PTSD : Assessment of the evidence.* National Academies Press.

James B（1994）*Handbook for Treatment of Attachment-Trauma : Problems in children.* Lexington Books.（三輪田明美・高畠克子・加藤節子訳（2003）心的外傷を受けた子どもの治療：愛着を巡って．誠信書房）

菅野恵（2017）児童養護施設の子どもたちの家族再統合プロセス：子どもの行動の理解と心理的支援．明石書店.

片山由季（2015）LSW を軸とした施設心理職による家族支援．田附あえか（編）日本子ども虐待防止学会第 20 回学術集会名古屋大会公募シンポジウム報告書．児童養護施設における心理職による家族支援の実践と課題：入所児と家族に心理的サポートを届けるために，pp.13-21.

加藤尚子（2002）児童養護施設における心理療法担当職員の現状と課題（1）基礎集計報告．日本社会事業大学研究所紀要，38；153-174.

Kilka JB & Conte J（2017）*The APSAC Handbook on Child Maltreatment (4th ed.)* . Sage Publications.

Knorth E, Annemiek H, Tjalling Z & Andrew K（2008）Under one roof : A review and selective meta-analysis on the outcomes of residential child and youth care. *Children and Youth Services Review,* 30（2）；123-140.

子どもの虹情報研修センター（2019）2019 年度児童相談所所長研修〈前期〉児童家庭福祉の動向と課題．厚生労働省子ども家庭局家庭福祉課虐待防止対策推進室. http://www.crc-japan.net/contents/situation/pdf/201804.pdf

Kolko DJ & Swenson CC（2002）*Assessing and Treating Physically Abused Children and Their Families : A cognitive-behavioral approach (Interpersonal Violence : The Practice Series)* . SAGE.

厚生労働省（2013a）施設の小規模化等事例集．（https://www.mhlw.go.jp/seisakunitsuite/bunya/kodomo/kodomo_kosodate/syakaiteki_yougo/dl/working5.pdf）（2019 年 10 月 3 日閲覧）

厚生労働省（2013b）子ども虐待による死亡事例等の検証結果等について：社会保障審議会児童部会児童虐待等要保護事例の検証に関する専門委員会：第 9 次報告.（https://www.mhlw.go.jp/bunya/kodomo/dv37/dl/9-2.pdf）（2019 年 8 月 27 日閲覧）

厚生労働省（2015）児童養護施設入所児童等調査の結果（平成 25 年 2 月 1 日現在）.（https://www.mhlw.go.jp/stf/houdou/0000071187.html）（2019 年 6 月 14 日閲覧）

厚生労働省（2017a）一時保護の現状について．第 12 回 新たな社会的養育の在り方に関する検討参考資料．平成 29 年 4 月 21 日．（https://www.mhlw.go.jp/file/05-Shingikai-11901000-Koyoukintoujidoukateikyoku-Soumuka/0000163285.pdf）（2019 年 6 月 14 日閲覧）

厚生労働省（2017b）子ども虐待対応の手引き．（https://www.mhlw.go.jp/bunya/kodomo

/dv12/00.html）（2019 年 6 月 13 日閲覧）

厚生労働省（2017c）新しい社会的養育ビジョン．（https://www.mhlw.go.jp/file/05-Shingikai-11901000-Koyoukintoujidoukateikyoku-Soumuka/0000173888.pdf）（2020 年 9 月 8 日閲覧）

厚生労働省（2019a）児童虐待防止対策の抜本的強化について．児童虐待防止対策に関する関係閣僚会議．（https://www.mhlw.go.jp/content/11900000/000490768.pdf）（2019 年 9 月 30 日閲覧）

厚生労働省（2019b）社会的養育の推進に向けて．（https://www.mhlw.go.jp/content/000474624.pdf）（2019 年 9 月 30 日閲覧）

厚生労働省（2020a）児童養護施設入所児童等調査の結果．（平成 30 年 2 月 1 日現在）（https://www.mhlw.go.jp/content/11923000/000595122.pdf）（2020 年 7 月 1 日閲覧）

厚生労働省（2020b）社会的養育の推進に向けて．（https://www.mhlw.go.jp/content/000503210.pdf）（2020 年 7 月 1 日閲覧）

久保田まり（2018）ルーマニアにおける社会的養護の問題：ブカレスト早期介入プロジェクトを通した考察．公益財団法人資生堂社会福祉事業財団（編）2017 年度第 43 回資生堂児童福祉海外研修報告書：ルーマニア・ドイツ児童福祉レポート，pp.13-20.［https://www.zaidan.shiseido.co.jp/activity/carriers/training/pdf/vol_43.pdf］（2019 年 10 月 3 日閲覧）

Landsman MJ, Groza V, Tyler M & Malone K（2001）Outcomes of family-centered residential treatment. *Child Welfare : Journal of Policy, Practice, and Program,* 80（3）; 351-379.

Law J, Charlton J & Asmussen K（2017）*Language as a child wellbeing indicator.*（https://www.eif.org.uk/report/language-as-a-child-wellbeing-indicator）（2019 年 6 月 14 日閲覧）

Lyman RD & Campbell NR（1996）*Treating Children and Adolescents in Residential and Inpatient Settings.* Sage.

Maltais C, Cyr C, Parent G & Pascuzzo K（2019）Identifying effective interventions for promoting parent engagement and family reunification. *Child Abuse & Neglect,* 88; 362-375.

Masten AS（2001）Ordinary magic : Resilience processes in development. *American Psychologist,* 56（3）; 227-238.

増沢高（1999）遊戯療法と守り．現代のエスプリ389, 遊戯療法, pp.156-167. 至文堂.

増沢高（2009）虐待を受けた子どもの回復と育ちを支える援助．福村出版.

増沢高（2016）「社会的養護（児童福祉施設）における人材育成に係る要件に関する調査」報告書．資生堂社会福祉事業財団．（https://www.zaidan.shiseido.co.jp/activity/carriers/publication/pdf/research201604.pdf）（2019 年 6 月 18 日閲覧）

McLaughlin KA, Zeanah CH, Fox NA, & Nelson CA（2012）Attachment security as a mechanism linking foster care placement to improved mental health outcomes in previously institutionalized children. *Journal of Child Psychology and Psychiatry,* 53（1）; 46-55.

Mitchell JT（1983）When disaster strikes...the critical incident stress debriefing process. *Journal of Emergency Services*, 8 ; 36-39.

みずほ情報総研株式会社（2017）社会的養護関係施設における親子関係再構築支援：実践ガイドブック．平成 29 年 3 月厚生労働省平成 28 年度先駆的ケア策定・検証調査事業報告書．

村松健司（2018）施設で暮らす子どもの学校教育支援ネットワーク：「施設－学校」連携・協働による困難を抱えた子どもとの関係づくりと教育保障．福村出版．

中釜洋子（2010）個人療法と家族療法をつなぐ：関係系志向の実践的統合．東京大学出版会．

楢原真也（2015）子ども虐待と治療的養育：児童養護施設におけるライフストーリーワークの展開．金剛出版．

National Institute for Health and Clinical Excellence（2018）Post-traumatic stress disorder NICE guideline.（http://www.nice.org.uk/guidance/ng116）（2019 年 12 月 1 日閲覧）

Nickerson AB, Salamone FJ, Brooks JL & Colby SA（2004）Promising approaches to engaging families and building strengths in residential treatment. *Residential Treatment for Children & Youth*, 22（1）; 1-18.

日本トラウマティック・ストレス学会（2019）PTSD とは．（日本トラウマティック・ストレス学会ホームページトピックス）．（http://www.jstss.org/topics/01/）（2019 年 12 月 1 日閲覧）

野口啓示（2008）被虐待児の家族支援：家族再統合実践モデルと実践マニュアルの開発．福村出版．

大塚斉（2014）児童養護施設における子どもと家族の歴史を紡ぐジェノグラム：システミックな援助実践．日本家族心理学会（編）家族心理学年報 32「地域と家族の未来像」，pp.112-124, 金子書房．

大塚斉（2017）児童養護施設でのプレイセラピー．子育て支援と心理臨床，14 ; 25-30.

Pote I, Doubell L, Brims L, Larbie J, Stock L & Lewing B（2019）Engaging disadvantaged and vulnerable parents : An evidence review.（https://www.eif.org.uk/report/engaging-disadvantaged-and-vulnerable-parents-an-evidence-review）（2019 年 6 月 21 日閲覧）

Putnam FW（1997）*Dissociation in Children and Adolescents : A developmental perspective.* The Guilford Press.（中井久夫訳（2001）解離：若年期における病理と治療．みすず書房）

Quinton D, Rutter M & Liddle C（1984）Institutional rearing, parenting difficulties, and marital support. *Psychological Medicine,* 14 ; 102-124.

Rutter M（1972）*Maternal Deprivation Reassessed.* Penguin.

Rutter M & British Association for Adoption, Fostering（2009）*Policy and Practice Implications from the English and Romanian Adoptees (ERA) Study.* British Association for Adoption and Fostering（BAAF）.（上鹿渡和宏訳（2012）イギリス・ルーマニア養子研究から社会的養護への示唆：施設から養子縁組された子どもに関する質問．福村出版）

Silva PA & Stanton W（Eds.）（1997）*From Child to Adult : The Dunedin multidisciplinary health and development study.* Oxford University Press.（酒井厚訳（2010）ダニーディン子どもの健康と発達に関する長期追跡研究：ニュージーランドの1000人・20年にわたる調査から．明石書店）

Spencer AS, Gary MB & Coretta JM（2010）Family-driven care in America : More than a good idea. *Journal of the Canadian Academy of Child and Adolescent Psychiatry*, 19 ; 176-181.

Sroufe A（1997）Psychopathology as an outcome of development. *Development and Psychopathology*, 9 ; 251-268.

Stockholm Declaration on Children and Residential Care（2003）（https://resourcecentre. savethechildren.se/sites/default/files/documents/2584.pdf）（2019年6月13日取得）

社会福祉法人石井記念友愛社（2021）石井十次とは．（http://www.yuuaisya.jp/jyuuji）（2021年2月16日閲覧）

庄司順一（2016）リジリエンスについて．子どもの虐待とネグレクト，17（3）；360-371.

高田治（2016）心をはぐくむ生活の器：調査から見えてくる総合環境療法．滝川一廣・高田治・谷村雅子・全国情緒障害児短期治療施設協議会（編）子どもの心をはぐくむ生活：児童心理治療施設の総合環境療法．東京大学出版会．

滝川一廣（2017）子どものための精神医学．医学書院．

滝川一廣（2004）新しい思春期像と精神療法．金剛出版．

田附あえか（2012a）児童養護施設における家族支援に心理職が関わることの有効性に関する検討．平成22〜23年度科学研究費補助金（課題番号：22730531）児童養護施設における家族支援の実態に関する調査研究報告書．

田附あえか（2012b）児童養護施設における心理職による家族支援の実態に関する研究：質問票調査の結果から．子どもの虐待とネグレクト，14（3）；373-385.

田附あえか・大塚斉（2018）児童養護施設における心理職の役割と家族支援：子どもが育つ場での心理的援助．日本家族心理学会（編）家族心理学年報36：福祉分野に生かす個と家族を支える実践，pp.51-61. 金子書房．

ten Brummelaar MDC, Harder AT, Kalverboer ME, Post WJ, & Knorth EJ（2017）Participation of youth in decision-making procedures during residential care : A narrative review. *Child & Family Social Work*, 22（4）; 1-12.

Toth SL, Gravener-Davis JA, Guild DJ, Cicchetti D（2013）Relational interventions for child maltreatment : Past, present, and future perspectives. *Development and Psychopathology*, 25（4 pt2）; 1601-1617.

Trieschman AE, Whittaker JK & Brendtro AE（1962）*The Other 23 Hours : Child care work with emotionally disturbed children in a therapeutic milieu.* Routledge.（西澤哲訳（1992）生活の中の治療：子どもと暮らすチャイルド・ケアワーカーのために．中央法規出版）

土屋敦（2014）はじき出された子どもたち：社会的養護児童と「家庭」概念の歴史社会学．勁草書房．

鵜飼奈津子（2012）子どもの精神分析的心理療法の応用．誠信書房．

内海新祐（2013）児童養護施設の心理臨床：「虐待」のその後を生きる．日本評論社．

van der Kolk B（2000）Posttraumatic stress disorder and the nature of trauma. Dialogues in Clinical *Neuroscience,* 2（1）; 7-22.

van der Kolk B（2014）*The Body Keeps the Score : Brain, mind, and body in the healing of trauma.* The Penguin Books, Reprint Ver.（柴田裕之訳（2016）身体はトラウマを記録する：脳・心・体のつながりと回復のための手法．紀伊国屋書店）

The Veterans Health Administration and Department of Defense, Clinical Practice Guideline Working Group（2017）*VA/DoD Clinical Practice Guideline for the Management of Posttraumatic Stress Disorder and Acute Stress Disorder.* VA Office of Quality and Performance.

Watkins LE, Sprang KR, and Rothbaum BO（2018）Treating PTSD : A review of evidence-based psychotherapy interventions. *Behavioral Neuroscience,* 12 ; article 258.

Werner EE & Smith SS（1992）*Overcoming the Odds : High risk children from birth to adulthood.* Cornell University Press.

Werner EE（1989）High-risk children in young adulthood : A longitudinal study from birth to 32 years. *American Journal of Orthopsychiatry,* 59（1）; 72-81.

Werner EE（1993）Risk, resilience, and recovery : Perspectives from the Kauai Longitudinal Study. *Development and Psychopathology,* 5 ; 503-515.

Widom CS & Ames MA（1994）Criminal consequences of childhood sexual victimization. *Child Abuse & Neglect,* 18（4）; 303-318.

Yates TM, Carlson EA, & Egeland B（2008）A prospective study of child maltreatment and self-injurious behavior in a community sample. *Development and Psychopathology,* 20（2）; 651-671.

四方燿子・川﨑二三彦・増沢高・田附あえか・大塚斉（2009）子どもの虹情報研修センター：平成 17・18 年度研究報告書．センター研修における事例検討の分析：児童相談所等と児童福祉施設 74 事例の検討．

Zeanah CH, Nelson CA, Fox NA, Smyke AT, Marshall P, Parker SW, & Koga S（2003）Designing research to study the effects of institutionalization on brain and behavioral development : The Bucharest early intervention project. *Development and Psychopathology,* 15（4）; 885-907.

全国児童養護施設協議会（2010）養育単位の小規模化をいっそう進めるために：養育単位の小規模化プロジェクト．（http://www.zenyokyo.gr.jp/whatsnew/101028_1.pdf）（2019 年 8 月 30 日閲覧）

全国児童養護施設協議会（2017）新たな社会的養育の在り方に関する意見．（http://www.zseisaku.net/ActionReport/shakaitekiyoiku-iken.pdf）（2019 年 8 月 30 日閲覧）

おわりに

　「なぜうまくいったのだと思いますか？」

　これは，私が児童相談所の児童福祉司として勤務していたとき，スーパーバイザーから投げかけられた言葉である。

　当時，担当していた家庭の支援を比較的スムーズに行うことができ，一時保護解除の援助方針を会議で提出した。その方針が承認されて，ほっとしていたところで，ふとそのような言葉を投げかけられたのである。しかし，その問いには明確な回答ができなかったことを覚えている。

　当時の私は，正直言って，目の前で起こる虐待ケースへの対応に，ただただ「奔走」していただけだった。子どもや保護者と面接をしたり，関係機関とのカンファレンスで情報を整理したりしながら，その子どもや保護者にとって，「よりよい支援方法とは何か」と手探りで考えていたものの，「児童虐待を発生させるリスクとは何か？」，「児童虐待に効果的な介入とは何か？」といった科学的なエビデンスを活用することなど，まったく頭になかった。

　もし，当時の私が本書を手にしていたならば，きっと，先のスーパーバイザーの問いに何らかの回答をすることができただろうし，自分の提供する支援のエビデンスを考えながら，より効果的な支援が提供できただろう。手前味噌であるかもしれないが，そう思えるくらい，本書は児童虐待のリスクアセスメントや児童虐待への対応に役立つ豊富なエビデンスが取り上げられている。

　本書はきっと，「今」まさに児童虐待への対応に奔走している現場の職員にとって，有益な知識を提供できるものになるだろう。さらに，若手の職員だけでなく，ベテランの職員や専門家にとっても，最新最善のエビデンスとともに自らの臨床を振り返るための手助けとなると確信している。

　若干大げさかもしれないが，私にとって，児童虐待について書くことは，「身を削る」作業だった。というのも，書いていると，支援の失敗など，当時の経験が頭の中をかけめぐったからである。それでも，こうして書きあげたことで，対応に奔走した経験を棚おろしすることができたように感じている。本書が児童虐待の被害を受ける子どもを一人でも少なくすることに貢献できれば，この上ない喜びである。

　本書の企画に誘っていただいた筑波大学の原田隆之先生，共著者の筑波大学の田附あえか先生，そして，根気強く編集作業に取り組んでいただいた，株式会社金剛出版の中村奈々氏，高島徹也氏に感謝申し上げる。

2020 年 8 月　堀口康太

［編者］

原田隆之（はらだ・たかゆき）

一橋大学社会学部卒業，一橋大学大学院社会学研究科修了，カリフォルニア州立大学ロサンゼルス校大学院心理学研究科修了。保健学博士（東京大学）。法務省法務専門官，国連薬物・犯罪事務所ウィーン本部アソシエート・エキスパート，目白大学教授等を経て，筑波大学教授，東京大学客員教授。専門は，臨床心理学，犯罪心理学，精神保健学。公認心理師，臨床心理士。主な著作に『心理職のためのエビデンス・ベイスト・プラクティス入門』（金剛出版）『ギャンブル依存のための認知行動療法ワークブック』（金剛出版）『犯罪行動の心理学』（北大路書房）『入門 犯罪心理学，サイコパスの真実』『痴漢外来 性犯罪と闘う科学』（ちくま新書）など。

［著者］

堀口康太（ほりぐち・こうた）

筑波大学大学院人間総合科学研究科生涯発達科学専攻修了（博士：生涯発達科学）。川崎市職員として，児童相談所，区役所，本庁で児童家庭相談，児童虐待対応に従事。筑波大学人間系（附属学校教育局）特任助教を経て，白百合女子大学発達心理学科講師。専門は，生涯発達心理学，福祉心理学。社会福祉士，公認心理師，臨床発達心理士。主な著作に「民生委員児童委員，主任児童委員による地域の支援を要する児童への見守りのプロセス」（「子育て研究」9, 15-30）など。

田附あえか（たつき・あえか）

東京都立大学大学院人文社会科学研究科心理学専攻博士課程単位取得満期退学後，子どもの虹情報研修センター研究員，児童養護施設心理士などを経て，筑波大学人間系助教。専門は臨床心理学，家族心理学，児童虐待が生じた家族と子どもへの心理的支援。博士（心理学）。公認心理師，臨床心理士，家族心理士。主な著作に「児童養護施設における心理職の役割と家族支援：子どもが育つ場での心理的援助」（共著）（「家族心理学年報」36, 金子書房）など。

子どもを虐待から守る科学 アセスメントとケアのエビデンス

2020 年 10 月 10 日 初刷 2021 年 9 月 10 日 2 刷	発行者 立石 正信 発行所 株式会社 金剛出版
編者 原田隆之	〒112-0005 東京都文京区水道 1-5-16
著者 堀口康太 　　　田附あえか 　　　原田隆之	電話 03（3815）6661（代）／FAX 03（3818）6848 印刷・製本 太平印刷株式会社　装幀 粕谷浩義

ISBN978-4-7724-1783-9 C3011
Printed in Japan © 2020

心理職のための
エビデンス・ベイスト・プラクティス入門

［著］＝原田隆之

エビデンスを「まなぶ」「つくる」「つかう」

●四六判 ●並製 ●280頁
●単行本／定価3,200円＋税 ●電子書籍版／定価2,800円＋税
● ISBN978-4-7724-1461-6 C3011

「そのセラピーにエビデンス（治療の根拠／効く理由）はありますか？」
エビデンスがわかれば臨床実践はもっとうまくいく。
エビデンス活用のためのポケットガイド！

ぎゃくたいってなあに？

［監修］＝溝口史剛　［著］＝青木智恵子

●A5判 ●並製 ●192頁
●単行本／定価1,800円＋税 ●電子書籍版／定価1,600円＋税
● ISBN978-4-7724-1745-7 C3011

権利の話から「ぎゃくたい」の具体例まで、
子どもが読めるように配慮しながら、児童虐待について
わかりやすくイラスト付きで解説。

子ども虐待とトラウマケア
再トラウマ化を防ぐトラウマインフォームドケア

［著］＝亀岡智美

●A5判 ●上製 ●232頁 ●定価3,400円＋税
● ISBN 978-4-7724-1758-7 C3011

トラウマインフォームドケア、TF-CBT、
アタッチメントなど現代のトラウマケアに欠かせない
さまざまな視点を網羅し、臨床に活かす。